I0839547

Davide Leone

U'Game
La vita, il gioco e tutto il resto

ISBN: 9798332967634

Prima edizione: settembre 2024

Postfazione di Matteo Lupetti

In appendice: "Bolly" di Ermando Pini

Copertina di Davide Leone

*Le paesane
comandano*
(anonim*, Matera, 2019)

INDICE

Intenzioni

La frase: "Le paesane comandano" appariva sotto un portico della città di Matera. Ma è anche un pezzo di un gioco urbano ed è persino un pezzo della definizione dello spirito di una città. Incontrammo questa scritta mentre stavamo producendo un Poema Urbano per la città di Matera all'interno del fusion festival di Capitale Europea della cultura 2019. Da allora per noi è un esempio della poesia che si può trovare aggrappata sui muri delle città ma è anche un esempio del nostro lavoro archeologico nella produzione dei nostri giochi. Questo libro prova a parlare di come lavoriamo per produrre i nostri giochi, di quale sia il nostro punto di vista sui giochi e un po' anche sul mondo.

Questo libro è figlio del lavoro mio, che sono Davide Leone e di Giuliano Fontana, Alessandro Gurrieri e Vincenzo Italiano, che sono U'Game e di tutte le persone che ci aiutano ad esistere. Ma è anche e soprattutto figlio di tutte le giocatrici e i giocatori che hanno accettato di giocare con noi.

Se si considera la definizione di Suits (1978) la lettura di questo libro è un gioco. Per questo importante filosofo contemporaneo, infatti, il gioco è lo sforzo volontario di superare ostacoli non necessari e voi vi apprestate volontariamente, almeno spero, a superare l'ostacolo non necessario di questa lettura, probabilmente incuriositi dal titolo oppure oppressi dal senso di responsabilità per un tema nuovo che volete approfondire, tuttavia siete dei giocatori. Indubbiamente il gioco sta assumendo una pervasività peculiare nel mondo contemporaneo. Questa pervasività è dovuta al concorrere di molteplici fattori. In questa sede è utile ricordare almeno due di questi fattori. Il primo è tecnologico e riguarda la pressione che gli esseri umani ricevono dalle modalità di funzionamento del mondo digitale. Tutte le estensioni di questo mondo stanno convergendo verso un palinsesto comune, per molti versi un linguaggio. Questo palinsesto è il gioco. Quasi tutti i prodotti informatici si basano sulla mediazione ludica. Si tratta di una metamorfosi in cui si scorgono importanti punti di svolta. La metafora sottesa a tutti i sistemi operativi, che gestiscono l'interfaccia tra uomo e computer, è uno degli aspetti più interessanti di questa metamorfosi. Dalla prima metà degli anni'80 si è passati da un sistema di gestione dell'interfaccia che si basava su comandi e su sintassi rigide e univoche (MS DOS), ad un sistema che rappresenta la metafora di un mondo reale e che si basa su sintassi multiple. Così abbiamo familiarizzato con l'idea che insieme alla scrivania sulla quale sta appoggiata la tastiera del computer esista un'ulteriore scrivania virtuale, che vediamo attraverso lo schermo e sulla quale giacciono cartelle piene di informazioni. In realtà questa rivoluzione, introdotta in larga scala da Apple, rappresenta un approccio ludico alla gestione dell'interfaccia. Questo aspetto si è dimostrato in grado di definire un comportamento basato su esperienza e addestramento. Pur potendo fare cose incredibili, i computer ci predispongono in un ambiente in cui non abbiamo bisogno di imparare attraverso una teoria ma attraverso una pratica. La quasi totalità dei software che abitano il mondo digitale propongono un meccanismo di apprendimento basato sull'esperienza. Man mano che passa il tempo c'è sempre meno la necessità di manuali, che spieghino le funzioni dei programmi. Questo aspetto, insieme ad altri, rende il mondo digitale un'arena di gioco entro cui sentirsi liberi di sbagliare.

Praticamente ogni esperienza digitale può essere intesa e analizzata come un gioco. Un word processor, un cad o un programma di disegno 3D sono tutti dei giochi particolari in cui i giocatori/utenti si confrontano con le interfacce e con le funzioni, che sono proposte dai programmi.

D'altro canto esiste un altro tema che è altrettanto importante per definire la pressione ludica che viviamo. Per molti versi, la civiltà umana compie un costante sforzo per affrancarsi dal lavoro e per avvicinarsi al gioco. Tutti i progressi che l'uomo ha duramente elaborato, servono a liberare tempo, e il tempo è la benzina del gioco. L'agricoltura, la stanzialità, l'economia, le città, l'industria, non sono altro che strumenti utili a consentirci di trovare il tempo di concentrarci sul superamento degli ostacoli non necessari, che stanno nella definizione di Bernard Suits che abbiamo visto in apertura e sulla quale torneremo più avanti e più volte in questo libro.

Tuttavia il testo che unanimemente spiana la strada agli studi sui giochi si deve a Joahan Huizinga. Nel suo libro "Homo Ludens" del 1938 arrivava già a sostenere, che gli elementi caratterizzanti la cultura di una civiltà nascano attraverso un processo di elaborazione ludica. In effetti, se ci limitassimo a considerare il gioco come azione, tutta la produzione culturale potrebbe essere considerata gioco. Musica, film, opere letterarie, opere pittoriche etc. sono dei giochi. E lo sono sia nel senso del processo che porta alla loro creazione, che nel senso dell'oggetto che viene consegnato alla fruizione degli interlocutori cui sono diretti. I prodotti culturali sono artefatti che contengono le opere. Tutto ciò in verità è un po' messo in discussione dalla condizione attuale, che ha dematerializzato gli artefatti culturali. Per proporre un esempio, si può affermare che sia un gioco tanto scrivere un romanzo che leggerlo, tanto comporre una canzone che ascoltarla, etc. Così se si guarda alla parabola delle 2 rivoluzioni industriali si vede come il mondo occidentale abbia ormai delocalizzato la maggior parte delle produzioni materiali. In un certo senso è come se sti spostando via da sé il lavoro per tenersi il "gioco" della creazione culturale. Anche il processo tecnologico tende ad andare in questo senso.

Uno dei luoghi in cui si avverte con maggiore chiarezza questa modifica di contesto è la città. Se si valutano le funzioni che le città conservano nella storia (Mumford, 1963) si riesce a capire bene come avvenga il progressivo smarrimento di funzioni legate al lavoro. Le città sono sempre meno luoghi di produzione industriale, luoghi di commercio, luoghi di difesa; mentre sono sempre di più dei luoghi deputati alla creazione, alla produzione e al consumo di cultura. Le città fungono da meccanismi per connettere intelligenze (Farinelli, 1987; Maturana e Varena, 1992; Guarrasi, 2002; Chanzighi e Destefano, 2010) per moltiplicarle e per produrre quelle narrazioni, che sono gli ostacoli non necessari che si superano giocando nella classica definizione di Suits. In questo senso appare interessante lo sviluppo di teorie e pratiche per accrescere la competitività delle città proprio riguardo la loro capacità di produrre innovazione e creatività, che hanno avuto grande fortuna dagli anni '90 in poi (Florida, 2002; Landry, 2006).

In questo quadro è nata nel 2015 a Palermo U'Game. Una società che produce pervasive games. U'Game nasce dalla necessità di arricchire di senso il contesto urbano, dalla volontà di fornire nuove chiavi di lettura per l'accesso al patrimonio e dalla coscienza del cambio di palinsesto proposto alla realtà contemporanea dalla pervasività del gaming.

Dal suo avvio U'Game ha prodotto molti giochi a scale diversissime e su temi altrettanto differenti.

Questo libro prova a raccontare queste esperienze e vuole essere un manuale e una guida per capire i meccanismi dei giochi e per avvicinare il lettore alla possibilità di poterli produrre per diletto, per gioco o per lavoro che in definitiva sono la stessa cosa.

Per definire i Giochi Urbani

Caro lettore, rassegnati ogni capitolo di questo libro inizierà con un discorso tra noi, nel senso di tra me e te. In questo capitolo guarderemo insieme ciò che significano i giochi urbani, perché se non ci mettiamo d'accordo su ciò di cui parliamo potremmo correre il rischio di non capirci. I giochi urbani mettono assieme la città e il concetto di gioco in tutte le sue accezioni e declinazioni. i giochi urbani stabiliscono relazioni con gli aspetti materiali, sociali e simbolici delle città. Tutto ciò è mediato dalle regole del gioco, che definiscono i limiti dell'agire dei giocatori e li spingono ad essere dei cittadini leggermente differenti rispetto al consueto. Da questo punto di vista esistono sia giochi che propongono un rapporto tra giocatori e spazi architettonici della città, sia giochi che fanno interagire i giocatori stessi tra di loro.

Per molti versi i giochi urbani sono un videogioco a mondo aperto come GTA, Red Dead Redemption o Zelda portato nello spazio fisico e tangibile. In genere i giochi urbani sono strutturati in una serie di missioni che concorrono a svelare un enigma o a raccontare una storia. I giochi a mondo aperto sono videogiochi di tali dimensioni da consentire una esplorazione talmente enorme degli scenari di gioco da darci l'impressione di vivere in uno spazio paragonabile a quello di un mondo.

Per il resto i giochi urbani sono dei giochi e, come tali, assicurano un cerchio di senso entro cui valgono determinate regole, ed entro cui sia possibile sbagliare senza conseguenze nella vita reale. Ma a differenza di tante altre cornici di senso dei giochi, la membrana che separa i giocatori dai non giocatori è molto più sottile, tanto che, spesso, ai giocatori viene proposto di interagire con gli altri cittadini, che sono estranei al gioco. È come se in una partita di calcio, ad un certo punto, si chiedesse ad un tifoso di entrare in campo per tirare un calcio d'angolo. Anzi ancora meglio è come se ad un certo punto in una partita di calcio un passante disinteressato alla partita si trovasse a giocare senza rendersene conto.

Chiaramente restano vere tutte le definizioni di gioco che da Huizinga a Suits hanno tentato di raccontare l'essenza di questa fondamentale attività umana. Per far questo il prossimo capitolo prova a mettere insieme una serie di definizioni in una chiave di lettura storica.

Il gioco della storia

Innanzitutto è necessario porre una domanda retorica:

C'è un momento preciso nella storia in cui viene inventata la storia?

Questa è effettivamente una domanda un po' strana, proverò a riformularla. C'è un momento nel fluire del tempo in cui l'umanità prende coscienza del fatto che esista un insieme di fenomeni, avvenimenti, tendenze e modi di pensare, che vengono definiti come storia? Se si considera la storia dell'arte occidentale c'è un momento preciso, ed è il momento in cui Giorgio Vasari decide di scrivere: *Le Vite de più Eccellenti Pittori, Scultori, Architettori*. Si tratta di un'opera del 1550 e da allora diventa palese la possibilità di riferirsi a un periodo del passato rispetto a ciò che si fa nel presente. Da allora l'arte ha dovuto fare i conti con la sua storia fino all'esplosione dei revival a partire dall'Illuminismo in poi. Gli artisti si sono prima posti nella condizione di accettare o rifiutare riferimenti del passato, aderendo a movimenti e correnti e poi, nella contemporaneità, definendo un proprio rapporto diretto e personale con le opere del passato. Come si vedrà più avanti l'individualismo di massa è uno dei retaggi della rivoluzione digitale in cui ci troviamo immersi ed è piuttosto presente anche in campo artistico.

A questo punto, caro lettore, ti starai chiedendo perché abbia voluto iniziare in questo modo a parlare di giochi. In realtà il motivo c'è ed è il motivo principale per cui sto volontariamente compiendo lo sforzo di scrivere questo testo.

Il motivo sta dentro un'altra domanda retorica: C'è un momento nella storia dell'uomo in cui ci si rende conto che il gioco sia un'esperienza umana fondamentale? Anche in questo caso c'è un libro che definisce questo passaggio, è un testo del 1938 scritto Johan Huizinga. Il testo si chiama *Homo Ludens*. Questo libro definisce il momento in cui si inizia a prendere coscienza di ciò che sia il gioco rispetto agli esseri umani. Prima del testo di Huizinga il gioco era considerato come un elemento utile alla formazione dei fanciulli, relegandolo in un preciso momento nella vita delle persone e ad un preciso ruolo: l'addestramento. Huizinga era un filologo, e il suo testo prova a fare un'operazione di distillazione del termine gioco, tentando di capire il significato e i confini che il termine assume in differenti culture. È un modo molto erudito di affrontare il problema della definizione del gioco. Perché, mettendo al centro l'universalità del termine, definisce i confini dell'azione del giocare come un'azione propria dell'uomo in grado di travalicare i confini culturali. Siamo abituati a pensare, infatti, che le parole esprimano sempre il loro significato specifico nella loro traduzione da una lingua ad un'altra. Qualche anno fa, nel 2011, alla cinquantaquattresima biennale di Venezia che si chiamava *illuminations*, un'opera giocava su questo paradosso e sul passaggio da analogico al digitale, altra tematica centrale nei giochi e nella società contemporanea. In quest'opera un semplice messaggio veniva tradotto, usando il traduttore Google, in tutte le lingue disponibili, utilizzando una progressione in serie. Ovvero il messaggio veniva tradotto prima in una lingua, poi questa traduzione veniva ritradotta in un'altra lingua e così via. Alla fine si ritornava alla lingua del messaggio originale ma la frase era tutt'altra. La cosa paradossale è che l'opera giocava anche con una contraddizione tra mondo analogico e mondo digitale. Il mondo digitale, infatti, non perde informazioni nella trasmissione delle informazioni. Nel caso specifico, però, il meccanismo della traduzione forzava questo aspetto del mondo digitale a comportarsi come un fenomeno analogico.

La differenza tra il messaggio e le sue traduzioni avviene e avveniva perché il traduttore di Google era perfettibile ma anche perché le parole non trovano sempre una traduzione univoca. Ad esempio il termine gioco ha un senso piuttosto differente tra Italiano e Inglese.

Innanzitutto l'Inglese distingue tra l'atto di giocare e l'artefatto, consentendo di specificare l'azione del giocare con il termine *play*, rispetto allo strumento che si usa nel gioco che, invece è *game*. Inoltre il termine play è associato a molte attività, che in Italiano non vengono considerate propriamente giochi. Ad esempio in inglese si può dire: *I play a comedy*, oppure *I play a song*; queste attività sono tradotte rispettivamente con recitare/interpretare e suonare/interpretare.

Come avrai notato, cara lettrice ma anche caro lettore, il termine "interpretare" si ripete e, che tu ci creda o no, non è un caso, perché l'interpretazione è uno degli ingredienti dei giochi che approfondiremo più avanti!

Il testo di Huizinga fu importante soprattutto perché scosse il pensiero e cominciò a metterlo sull'avviso che l'uomo fosse un animale ludico (Fink, 1957-1992).

Tuttavia il testo di Huizinga svelava solo parzialmente quali fossero i meccanismi dei giochi. Per lo più si preoccupava a definirne la centralità all'interno delle attività umane.

Roger Callois e le strutture dei giochi

I prestigiatori non rivelano mai i loro trucchi e anche il gioco aveva delle remore nel dichiarare il suo funzionamento. Un uomo, però, riuscì ad elaborare una teoria su come funzionassero i meccanismi che stanno dietro ai giochi. Trovò la scatola dei trucchi dei giochi, l'aprì ci guardo dentro e ce la spiegò. L'uomo era Roger Callois, e il libro in cui spiegò quali fossero gli ingredienti dei giochi, era *Il Gioco e gli Uomini* (1958).

In questo testo si rivela come i giochi siano sospesi su un filo teso tra due termini: il *Ludus* e la *Paidia*. Il Ludus è un concetto proprio dell'umanità e definisce il gioco irregimentato da regole. La Paidia, invece, è un concetto più spontaneo ed è più legato all'istinto, al giocare addestrativo proprio dei bambini e anche di molte specie animali. Per intenderci, prima del testo di Huizinga l'umanità era largamente convinta che il gioco fosse solo Paidia, dopo il testo di Huizinga si capisce che c'è qualcosa che va oltre la funzione addestrativa dei giochi e con Callois si dà un nome a quel qualcosa in più. L'opera di Callois, oltre ad indicare i due estremi del filo che regge tutti i giochi, individua anche gli ingredienti che li compongono. Questi ingredienti sono presenti in tutte le attività ludiche, anche se in misura assai variabile. Gli ingredienti sono 4:

- Agon
- Mimicry
- Alea
- Ilynx

L'*agon* rappresenta tutti quegli elementi che stanno dentro i giochi e che ci spingono a misurarci con i nostri o con gli altrui limiti. Una corsa ha una forte e palese componente agonistica, tuttavia anche altre attività, che noi non reputiamo necessariamente legate all'agonismo, in realtà hanno al loro interno elementi di competizione. Il suonare uno strumento potrebbe apparire come un'attività priva di agonismo. Tuttavia chi suona vorrà suonare sempre meglio o addirittura vorrà suonare meglio di qualcun altro. Sono stati inventati sistemi di punteggio e valutazione tra i più differenti per mettere in luce questo aspetto all'interno dei giochi. Ad esempio nelle gare ciclistiche a tappe esistono: la classifica generale, che premia il corridore che impiega meno tempo in assoluto a percorrere le varie tappe; la classifica a punti, che premia i piazzamenti nelle diverse tappe; la classifica dei gran premi della montagna, che premia chi si aggiudica il più alto numero di traguardi ad alta quota; la classifica dello sprint, che premia chi si aggiudica il maggior numero di traguardi volanti lungo il percorso;

oltre ad altre classifiche di squadra o legate all'età dei corridori.

Chiaramente il proliferare delle classifiche rende giustizia di uno sport complesso in cui i corridori possono avere caratteristiche assai differenti e rendono la competizione assai più interessante.

La *mimicry* è l'elemento dell'immedesimazione. In tutti i giochi, infatti, siamo dentro una cornice di senso entro la quale avvengono cose e vigono regole fuori dall'ordinario. Quindi in un gioco non siamo mai le stesse persone che siamo fuori da questa cornice. Questo aspetto è più o meno palese all'interno delle differenti attività ludiche: Un maratoneta è l'eroe di una battaglia dell'antica Grecia, che corre dal campo di battaglia alla città di Atene e muore per lo sforzo, anche se ci auguriamo sempre che gli atleti impegnati nelle moderne olimpiadi sopravvivano. La maratona è senz'altro un gioco competitivo, ma persino in questo caso si possono individuare degli elementi di immedesimazione.

L'*alea* è tutto ciò che a priori esce fuori volontariamente dal nostro controllo all'interno di un gioco. Il lancio di un dado è un elemento aleatorio, o meglio il punteggio generato dal dado è l'elemento aleatorio, che può far parte di un gioco. Siamo abituati a pensare che l'aleatorietà sia un elemento pericoloso in grado di generare *addiction*. In realtà non è proprio così e lo vedremo tra pochissimo. Tuttavia è vero che l'alea, essendo qualcosa che esula dal controllo e dalla responsabilità dei giocatori, promette un risultato senza sforzo. È piuttosto affascinante a riguardo analizzare il funzionamento delle quote delle scommesse sportive. Le quote tendenzialmente sono la razionalizzazione che si fa per equilibrare una previsione di un risultato non equilibrato. Se una squadra molto debole affronta una squadra molto forte la quota ha il compito di equilibrare artatamente il valore delle due squadre, conducendo i giocatori in una situazione aleatoria.

L'*ilynx* è l'aspetto più potente che sta dentro i giochi, è quello che genera *addiction*, ma è anche il vero motivo che ci tiene avvinti ad un'attività ludica. Sostanzialmente è la sensazione di brivido e vertigine, che avvertiamo quando qualcosa va fuori dal nostro controllo non volontariamente. La precisazione fatta prima sul lancio del dado serve ad inquadrare la questione. Quando lanciamo il dado, fino a quando non si ferma, siamo nel campo dell'ilynx, non appena si ferma siamo nel campo dell'alea. Alcuni esempi varranno a spiegare questa sensazione. Quando colpiamo un pallone con un calcio noi ci auspichiamo che vada nella direzione voluta, ma in realtà non sappiamo con certezza che andrà effettivamente in quella direzione. Questa incertezza è l'ilynx. Molti giochi sportivi si basano e amplificano l'ilynx per rendere il gioco interessante e longevo. Una partita di tennis senza le racchette sarebbe estremamente più noiosa semplicemente perché il controllo della pallina con le mani è più semplice, così come una partita di Rugby dove al posto della palla ovale fosse usata una palla sferica, sarebbe molto meno interessante perché i rimbalzi della palla diventerebbero molto più prevedibili. Quanto più sono presenti elementi imprevedibili e che esulano dal nostro controllo, tanto più il gioco avrà la possibilità di essere avvincente per un lungo tempo. Più avanti verranno analizzati una serie di giochi sportivi e si evidenzieranno gli elementi presenti rispetto alla teoria di Callois.

Cosa sono i giochi

Così come Vasari aveva svelato il trucco della storia "condannando" l'umanità a citare ciò che era stato, oppure a rifiutarlo ma comunque a farci i conti, così Huizinga, e poi Callois, avevano iniziato a svelare ciò che i giochi fossero: il meccanismo che definisce la nostra umanità. Questo aspetto viene affermato con chiarezza solo alla fine degli anni '70, precisamente nel 1978, da Bernard Suits in un libro che si chiama *La Cicala e le Formiche*. In questo testo c'è la più pervicace definizione di gioco. Suits afferma:

«Giocare a un gioco è lo sforzo volontario di superare ostacoli non necessari».

Questa definizione mette il gioco al centro di tutto ciò che gli esseri umani fanno al di fuori delle attività di sostentamento. Scrivere un libro è un'attività di gioco quanto leggerlo e questa attività è un gioco di rimbalzi. Chi scrive intende esprimere dei concetti e chi legge ne capisce inevitabilmente altri. Questo processo è alla base della semiotica. Perché ciascuno di noi ha una propria libreria di segni e codici che ci aiutano ad interpretare il mondo. Per questo ad alcune persone un testo può apparire interessante mentre ad altre può apparire banale o noioso. La stessa cosa succede anche per il teatro, la musica, i film, l'arte e per le opere di narrazione in genere.

Secondo Harari (2014) l'uomo ha raggiunto l'apice del suo progetto naturale nella sua espressione di cacciatore e raccoglitore, sostanzialmente alla fine della preistoria. Poi è diventato schiavo di tiranni, come l'agricoltura e l'allevamento che in una certa misura lo hanno tirato fuori dalla sua condizione naturale, trasformandolo in una sorta di dio. Caro lettore so bene che Harari impiega 548 pagine ad argomentare tutto ciò, ma la colpa non è mia. La colpa è almeno di Vasari, che ci ha costretto a guardarci indietro o, in questo caso, di lato per capire più cose. La questione che mette in evidenza Harari, comunque, è assai delicata perché spiega effettivamente ciò che sia successo all'umanità da un punto di vista antropologico, ma non spiega la molla che ha condotto a tutto ciò. La molla, che ha fatto allontanare l'uomo dal suo progetto, è il gioco. La vera mela che Adamo ed Eva hanno mangiato è la volontà di giocare. Peraltro, questa molla ci ha spinto ad essere l'umanità. Per questa voglia abbiamo costruito prima i villaggi e poi le città. Abbiamo esternalizzato la nostra sussistenza per costringerci e aiutarci a giocare. Abbiamo accumulato tempo per dedicarlo al superamento di ostacoli non necessari. Molte distopie e utopie contemporanee preconizzano una condizione nella quale l'unico scopo che resta agli uomini è quello di giocare. Il motore principale di questa accumulazione di tempo è stata la città. Questa invenzione è il luogo di elezione dove superare ostacoli non necessari. È il luogo entro il quale si accumula e si forma la cultura, che è un prodotto di giochi che sottostanno a regole sofisticate. Inoltre le città sono dei luoghi senza un progetto unitario. In una certa misura sono degli organismi, che nascono grazie al comportamento più o meno coordinato, ordinato e diretto degli uomini. Le città sono un dialogo tra la volontà dei singoli e la necessità della collettività. Questo dialogo a volte vede prevalere una parte sull'altra ma resta sempre attivo. Alcune città sono state costruite senza una delle due parti. Gli insediamenti informali dell'Italia meridionale come Triscina vicino Selinunte mancano dell'azione regolatrice della mano pubblica che impone una visione comune tanto quanto mancano dell'azione del popolo i "progetti" di città come Brasilia o ancora in Sicilia Gibellina nuova. In tutti questi casi agli insediamenti manca qualcosa di importante e fondamentale e nascono luoghi particolarmente strani.

Le città, oltre ad essere la condizione necessaria per il proliferare dei giochi possono diventare esse stesse delle arene di gioco. Questo concetto viene spiegato con molto acume da Mattia Thibault (2016), che rintraccia una serie di pratiche urbane che fanno agire la città come un giocattolo o addirittura come un giocatore. Il caso più interessante è quello del Parkour, che mette la città all'interno di un cerchio magico entro il quale valgono regole differenti dal consueto. In questo modo i muri si trasformano in ostacoli e in trampolini e tutto diventa un grande parco giochi. Quello del Parkour non è il solo esempio di uso ludico attivo della città. Il campo dei giochi urbani e dei playground sono due elementi in cui il ruolo ludico diventa evidente nello spazio urbano.

I giochi urbani sono un esercizio di cittadinanza attiva, o di urbanismo tattico perché ridefiniscono in un quadro nuovo il rapporto tra cittadini e luoghi. Un gioco urbano crea interazioni tanto con la realtà materiale fatta di monumenti, strade e piazze; quanto con la realtà sociale fatta di persone e consuetudini. In un gioco urbano si ridefiniscono i rapporti abituali con la città e questa ridefinizione aiuta a intraprendere nuovi sentieri e linee di sviluppo. In questo senso i giochi urbani diventano dei meccanismi in grado di attivare percorsi di cittadinanza attiva.

Giochi e Sport

Caro lettore, sono di nuovo io il tuo scriba. In realtà penso che la maggior parte delle cose che stai leggendo le pensi già, solo che non le avevi messe in fila. In questo capitolo parliamo di uno strano rapporto tra giochi e sport, perché è importante indagare il limite tra atto sportivo e gioco. Per molti versi i playground sono un confine particolare tra città, gioco e sport. Questi luoghi sono spicchi di città in cui valgono le regole dei giochi sportivi. Sono in una certa misura una fisicizzazione di quello che Huizinga (1938) chiama "Cerchio Magico". Ovvero il luogo metaforico o fisico all'interno del quale valgono le regole del gioco e non quelle della vita consueta. Questo aspetto dei giochi è particolarmente interessante. Grazie alla separatezza definita dai cerchi magici, i giochi possono consentire di sbagliare in un quadro e in un ambiente protetto, perché promettono che non ci sia nessuna conseguenza al di fuori del framework di senso del gioco. I giochi sportivi sono l'arena perfetta entro cui si esplicitano le caratteristiche del cerchio magico, proprio perché in generale i campi da gioco sono i luoghi delimitati del cerchio magico. I giochi sportivi, però non hanno solo questa funzione. Infatti, siccome le loro regole sono generalmente abbastanza conosciute, possono aiutare a spiegare esemplarmente le categorie di Callois. Di seguito si proverà a strutturare un'analisi di alcuni giochi sportivi secondo le categorie proposte da Callois, chiaramente non si analizzeranno tutte le regole, né le tattiche, ma si richiamerà più che altro lo spirito dei giochi. L'intento è anche quello di provare ad argomentare meglio la relazione tra proliferazione dei giochi e città.

Una delle cose più interessanti dei giochi sportivi è che la gran parte fu codificata all'interno di scuole con chiari intenti pedagogici e simbolici. Molti studiosi affermano che i giochi sportivi siano uno specchio della società capitalistica, utilizzato come arena di allenamento per formare uomini e donne nuovi, adatti allo sforzo produttivo (Lupetti, 2023). Senz'altro la fenomenologia dell'invenzione di questi giochi sembra dare ragione a questa ipotesi. I giochi sportivi hanno per la maggior parte una codifica a partire dall'800: calcio, baseball, basketball, rugby, tennis, nascono tutti grossomodo negli stessi anni e, grossomodo tutti nella stessa area geografica. Chiaramente non è un caso che ciò avvenga. Siamo nel momento in cui si esplicita la rivoluzione urbana. In cui le città assumono la forza di calamite per le persone, in cui esplodono i problemi e le contraddizioni, che fanno nascere anche la necessità della pianificazione. Al contempo sono gli anni in cui le città assumono il ruolo di essere luoghi, che generano tempo libero che va utilizzato, che va giocato. Quindi i giochi sportivi nascono da questo intreccio tra le necessità di addestrare uomini e donne nuovi e la disponibilità di tempo libero.

Mimicry e Ilynx nel Rugby

Parlare del Rugby è davvero eccitante, è il prototipo di molti giochi sportivi e senza questa invenzione non esisterebbero cose come il calcio, il football americano o anche il basket. Il Rugby nacque nella prima metà dell'800, all'interno di un college della piccola città di Rugby, ed è la metafora di un campo di battaglia. In questo gioco si affrontano due squadre composte da un massimo di 15 giocatori. La linea di confine della prevalenza territoriale delle squadre è definita dalla posizione e dal possesso della palla. Ovvero una squadra possiede tutto il campo che sta dietro la palla, come se la posizione della palla definisse la trincea. Un aspetto particolarmente interessante è che la palla può essere portata avanti soltanto se fisicamente un giocatore la porta verso la meta avversaria, perché è vietato passare il pallone in avanti a meno di non perderne il possesso volontariamente con un calcio. Quindi la mimicry del gioco è rappresentata proprio dalla metafora del possesso territoriale e la gran parte delle regole amplifica questo simbolismo. Ad esempio i giocatori non possono superare mai la linea della palla, proprio perché il campo oltre il pallone "appartiene" alla squadra avversaria. Gli elementi agon all'interno del rugby sono legati al punteggio e sono tesi a dare possibilità a giocatori con caratteristiche differenti: velocità, agilità, potenza e destrezza nell'essere utili alla loro squadra. Questo aspetto rivela anche l'intento di costruire un gioco, che potesse accogliere ragazzi con differenti caratteristiche fisiche.

Il rugby ha un ruolo esemplare tra i vari giochi per quel che riguarda l'ilynx. La forma della palla ovale ed il fatto che possa essere lanciata unicamente con i piedi verso avanti sono elementi che aumentano l'incertezza. Ovvero sono quegli aspetti che determinano l'hype del gioco. Chiaramente tutti i giochi che si basano sull'interazione tra un giocatore, i suoi compagni di squadra e la squadra avversaria hanno un certo grado di ilynx proprio perché i comportamenti degli altri sono imprevedibili e generano partite sempre differenti.

La Mimicry del Baseball

Il Baseball è un prodotto degli Stati Uniti, anche questo gioco fu codificato nella prima metà dell'800 nell'accademia militare di west point ed è la metafora del cammino dell'eroe. Il giocatore in attacco è solo contro tutti. Se il rugby è la metafora di una battaglia, il baseball lo è di un percorso di guerra. Il lanciatore lancia la palla che è una munizione. Il battitore colpisce la palla con la sua mazza e comincia a correre. Il suo scopo è conquistare almeno la prima base, ovvero arrivare in un posto sicuro prima che la squadra in difesa riesca a far arrivare la pallina. Se arriva prima il battitore è salvo, se arriva prima la pallina, il battitore viene eliminato. La squadra in attacco segnerà un punto ogni qual volta che un giocatore riuscirà a tornare indietro dopo essere passato da tutte le basi della squadra in difesa. Per questo se il battitore riesce a mandare la palla fuori dal campo avrà segnato sicuramente. Questi sono gli elementi della mimicry contenuti dentro al baseball. Questo gioco contiene degli elementi agon molto interessanti perché definisce una serie di minisfide, di piccoli sforzi agonistici, di piccole missioni, tra le quali quella più palese è la corsa della pallina, che è uno sforzo di squadra contro la corsa del battitore che rappresenta, invece, lo sforzo di un singolo. Il baseball è un gioco pieno di elementi di ilynx, soprattutto legati allo strumento della mazza, all'impatto con la pallina e al rapporto con il guantone. I gradi di incertezza, rispetto alla direzione della pallina e al comportamento degli altri giocatori sono essenziali per rendere il gioco divertente e avvincente. Tanto che il gioco del baseball è pieno di bloopers che noi chiameremmo papere. Il baseball è pieno di palle a campanile che non si riescono ad afferrare, di palle che scivolano dal guantone e di situazioni in cui la condizione del gioco sfugge dal controllo dei giocatori.

L'agon nel Tennis

Il Tennis fu inventato nella seconda metà dell'800, distillando gli elementi della pallacorda. In particolare il tennis moderno si deve ad un militare inglese, che brevettò un kit di gioco composto da racchette, palline e rete. Esistono molti succosi aneddoti riguardo al tennis. In particolare per spiegarne la mimicry possiamo riferirci proprio al suo nome. La parola tennis è un'anglicizzazione del termine francese *tenez*. L'inizio dello scambio della pallacorda, infatti, iniziava con l'esortazione/avvertimento del battitore al suo avversario di "tenere" la palla. Il tennis, infatti, è un dialogo, un discorso che può assumere i toni pacati di un dialogo o quelli accesi di una scazzottata ma che resta sempre all'interno dei binari di uno scambio. L'aspetto particolarmente interessante del tennis riguarda l'ilynx. C'è sempre una certa distanza, infatti, tra ciò che un tennista vuole fare e ciò che effettivamente fa. L'incertezza tra il colpo che ha in mente e ciò che viene fuori dopo l'impatto della racchetta con la pallina, racchiude la gran parte dell'ilynx di questo gioco e spiega molto bene perché generalmente un tennista principiante si diverta di più di uno scafato giocatore, perché i colpi del principiante cedono molto più spazio all'ilynx. Altro aspetto molto interessante del tennis è il suo punteggio, ovvero l'elemento agonistico. Nel tennis si può vincere una partita facendo meno punti del proprio avversario, ed è una cosa che accade più spesso di quanto si immagini. Questo aspetto è molto interessante perché fa capire come i punti abbiano un valore differente. Per definire una partita di tennis, infatti, si usano: i punti, che premiano chi vince un singolo scambio; i game (giochi), che premiano chi riesce a fare 4 punti, i set (partite), che premiano il giocatore che riesce a mettere insieme 6 game e il match (incontro), che premia il giocatore che riesce a vincere almeno 2 o 3 set a seconda dei tornei.

Questa articolazione del punteggio rende il gioco del tennis particolarmente interessante perché propone una serie di minisfide che hanno un differente peso di importanza ma che fanno ripartire sempre tutto daccapo. In questo modo il tennis riesce ad essere un gioco con un elemento agon tra i più validi ed eccitanti. Inoltre in una partita di tennis si può teoricamente vincere anche se si è in uno svantaggio estremo. Anche se è 6-0 e 5-0 sotto nel punteggio il giocatore, che non si è assicurato neanche un gioco, ha ancora intatte tutte le possibilità per vincere. Se una squadra di calcio sta perdendo 20 a 0 all'ottantacinquesimo minuto, invece, non avrà alcuna possibilità di rimonta.

L'ilynx nel Basket

Il Basket è un gioco che nasce sul finire dell'800 in condizioni molto particolari e per rispondere ad una particolare necessità. Un professore di ginnastica del Massachusetts, luogo molto freddo in inverno, voleva risolvere il problema di far allenare i propri ragazzi durante tutto l'anno. Per far ciò immaginò un gioco di mira, in cui i giocatori dovevano far centro con un pallone all'interno di un cesto. La metafora è chiaramente quella di mirare e colpire qualcosa ma non è la mimicry in questo caso l'aspetto più interessante, neanche l'agon e il sistema del punteggio rivestono un ruolo particolarmente interessante se non per la capacità del gioco di evolversi nel tempo. Sul finire degli anni '70, infatti, la NBA (la lega americana di basket professionistico) introdusse la regola del tiro da 3 punti, che aumentò la varietà e le possibilità del gioco rispetto all'agon.

L'aspetto più interessante del basket riguarda invece l'ilynx. La difficoltà di far entrare la palla all'interno del cesto, infatti, rende divertente e avvincente anche il gioco da soli. Il tiro a canestro, quella sensazione fuori dal nostro controllo in cui abbiamo affidato la palla al caso, indirizzandola verso il canestro, è l'ilynx del gioco, ed è un motore di divertimento estremamente potente.

Giochi e cinema

Caro lettore, ci siamo. Questo capitolo è uno di quelli che mi è piaciuto di più scrivere, perché raccoglie esempi presi dal cinema. Sappi che non è un caso se la maggior parte dei film scelti sono mainstream, in questo modo se non li hai visti potrai reperirli più facilmente e, inoltre, se sono mainstrem significa che avranno contribuito più di altri a definire l'immaginario collettivo.

Se prendiamo per buona la definizione di B. Suits: "giocare è lo sforzo volontario di superare ostacoli non necessari", la narrazione di un film o di una serie TV è un gioco. Chiaramente un gioco complesso, che coinvolge moltissime persone. Peraltro, intimamente, c'è qualcosa che fa percepire queste attività come qualcosa di un po' diverso da un "vero" lavoro. Questo stigma appartiene a tutte le professioni creative ed è una delle ragioni per cui spesso, quando si lavora in queste professioni, è difficile farsi pagare. Per esempio quando si fanno i concerti di beneficenza, i cantanti devolvono i loro compensi, mentre le maestranze vengono pagate regolarmente. Senz'altro, questo avviene perché gli artisti se lo possono permettere ma anche perché, nell'opinione comune, i cantanti "giocano" mentre le maestranze lavorano.

Comunque non è il caso di addentrarsi in rivendicazioni parasindacali.

Questo capitolo parla di film, serie e romanzi in cui ci si ritrova dentro una matrioska ludica, ovvero in cui un gioco (la narrazione) parla o mette in scena un gioco. La scelta dei titoli che si commentano non è esaustiva del tema e serve solo a mettere in evidenza, nel contesto facilmente esperibile della visione cinematografica, alcuni aspetti dei giochi.

Jumanji

È un film ma è anche un gioco, sia nella finzione del film che nella realtà. Il primo film di questa serie è del 1991, mentre i due sequel/reboot sono del 2017 e del 2019. Non sorprende che il protagonista del film degli anni '90 sia Robin Williams, che pochi anni prima era stato Peter Pan in Hook di Spielberg. Infatti la vicenda di Jumanji per certi versi è simile a quella di Peter Pan. Anche in questo film, infatti c'è un personaggio, che viene intrappolato in un luogo separato dalla realtà. Nel caso di Jumanji si tratta di una giungla in cui si materializzano le situazioni descritte da un gioco da tavolo. Per molti aspetti questo film, in relazione ai contesti ludici parla proprio della caratteristica dei giochi di essere altro rispetto alla vita vera. Il paradosso del gioco che diventa reale per i giocatori, mette in luce proprio la condizione di vantaggio che viene proposta dai framework dei giochi, in cui siamo sempre coscienti che qualunque cosa accada, i giocatori saranno sempre protetti dalla promessa che quando un gioco è finito è finito. Nel film chiaramente questo concetto si ribalta e tutto diventa realmente pericoloso. Ciò genera una ulteriore riflessione rispetto alla categoria dell'ilynx. Questo aspetto presente all'interno dei giochi e rappresenta il senso di vertigine che ci assale quando in un gioco qualcosa va fuori dal nostro controllo. In una situazione di gioco normale il senso di ilynx può essere aumentato da diversi fattori. Uno dei più rilevanti è la posta in gioco. Nel mondo di Jumanji, e non solo, la posta in gioco diventa massima e assoluta. In questo senso il film è anche una lezione di game design. Vedremo che questo stesso concetto viene estremizzato nella serie TV "Squid Game" cui è dedicato un ulteriore paragrafo di questo capitolo.

Ready Player One

È un film del 2018 diretto da Stephen Spielberg ed è tratto dall'omonimo romanzo di Ernest Cline del 2011. Sia nel caso del film che nel caso del libro si tratta di veri e propri omaggi a mondi fantastici. Se il film ha come riferimento soprattutto l'immagine cinematografica di fantascienza, il romanzo ha mille riferimenti al mondo del videogioco e del gioco di ruolo. Al di là di connessioni e ammiccamenti, sia il film che il libro fanno riferimento ad un futuro distopico in cui la realtà fisica e tangibile è entrata in diretta concorrenza con la realtà digitale. Chiaramente nella distopia la realtà fisica è assolutamente invivibile, mentre i mondi digitali sono incredibilmente auspicabili. L'immersione in questi mondi è sempre più vicina anche per noi grazie a visori, tute tattili, tappeti omnidirezionali, che simulano il movimento e tutte le interfacce che generano una realtà immersiva. Il film e il libro propongono una riflessione sul senso stesso del giocare e soprattutto sul rapporto tra realtà analogica e realtà digitale rispetto al gioco. Non c'è dubbio che l'ipersimulazione a mondo aperto in cui si svolgono la maggior parte delle vite dei protagonisti sia considerata un gioco ma che succede se questa realtà digitale concede l'accesso a superpoteri impossibili come il teletrasporto e se la maggior parte della vita delle persone avviene appunto in questa simulazione e non nel mondo fisico? A questa domanda il libro e il film rispondono con una limitazione dell'uso di questa simulazione, mimando un po' il comportamento di una mamma apprensiva, ma la riflessione resta e sembra piuttosto attuale. Anche altri film si basano su distopie simili come Matrix, in cui la fisicità degli uomini è relegata solo alla produzione di energia per le macchine. O ancora propongono il concetto di stare dentro un mondo digitale come in TRON di cui parleremo più avanti. In Ready Player One ci troviamo davanti ad una riflessione sulla consonanza tra framework digitali ed esperienze di gioco. Come affermato anche da Baricco (2018), le esperienze digitali hanno molto in comune con quelle di gioco. Nel caso di Ready Player One questa riflessione è palese e portata al parossismo, perché l'intera avventura del protagonista è la soluzione di innumerevoli enigmi di gioco all'interno di un universo ludico digitale.

The Running Man e Hunger Games (l'obbligo di giocare)

The Running Man è un film del 1987 di Paul Michael Glaser (lo Starsky di Starsky & Hutch) tratto da un romanzo di Stephen king scritto nel 1982 sotto lo pseudonimo di Richard Backman. Stephen King ha sempre avuto un po' il complesso di non meritare il successo che ha avuto e per esplorare questa eventualità ha scritto alcuni romanzi sotto pseudonimo. I romanzi hanno avuto un discreto successo ma comunque non comparabile con quello delle altre opere del maestro dell'horror. Al di là di questa digressione, "The Running man" è soprattutto un racconto sul potere dei media di manipolare la realtà per raccontare una verità differente. Al di là della possibile funzione profetica del racconto in un contesto attuale di post-verità in cui la forza del racconto diventa sempre più forte mentre si affievolisce la realtà dei fatti, dal punto di vista del gioco "The Running Man" esplora il concetto che il giocatore che è forzato a giocare non sta realmente giocando. In "The Runnig Man" il protagonista si trova costretto a giocare ad un gioco televisivo mortale suo malgrado. Questa medesima tematica è esplorata con ancora più forza in Hunger Games. In questo caso ci troviamo di fronte ad una serie di libri e film che raccontano di un futuro distopico in cui una serie di campioni vengono scelti dall'alto per rappresentare in un gioco mortale le loro regioni di nascita. Al di là di tutte le riflessioni proposte da film e libri, il dato fondamentale è che i protagonisti, pur partecipando ad un gioco, non stanno giocando, perché non hanno scelto di farlo. Per molti aspetti è una delle derive più estreme della gamification in cui si prendono elementi dei giochi e vengono riversati in contesti in cui hanno una diretta influenza sulle vite delle persone. La patente a punti è questo genere di cosa, così come lo sono le pagelle scolastiche o anche le raccolte punti dei supermercati.

TRON

TRON è un film del 1982 diretto da Steven Lisberger. Oltre ad essere un film di culto degli anni '80 è anche un franchise che ha dato vita ad un sequel piuttosto fortunato con TRON Legacy del 2010. Al di là delle fortune dei film e delle novità tecniche che lo caratterizzano, TRON è uno dei primi film in cui si preconizza la realtà virtuale, l'immersione in un mondo digitale e il rapporto tra digitale e analogico. Una delle cose che, analizzate a distanza di anni, risulta più interessante, è che nel film la digitalizzazione avviene attraverso un processo di miniaturizzazione del protagonista, che si ritrova catapultato nel mondo digitale. Le distopie più moderne e contemporanee, invece, descrivono una condizione in cui tutto l'ambiente diventa digitale attorno al corpo dei personaggi. Tanto in Ready Player One che in Matrix le infrastrutture digitali, con le quali si interfacciano i personaggi, sono grandi e onnipresenti. In TRON, invece, lo spazio fisico entro cui si materializza l'avventura è un cabinato da sala giochi. Un'altra cosa interessante del film è che tutta la narrazione avviene in riferimento ad una cornice videoludica, fatta di livelli e di schemi da superare. Per la prima volta l'estetica dei videogiochi viene utilizzata all'interno di una narrazione cinematografica. In realtà una cosa simile accade anche in Giochi Stellari, film del quale parleremo più avanti. TRON rispetto alla codifica di una teoria sui giochi, esplora le tematiche legate al senso di framework protetto entro cui avvengono le interazioni ludiche ma anche della capacità del territorio digitale di essere un mondo alieno, entro cui valgono regole peculiari e, quindi, di essere un'arena di gioco naturale.

Fuga per la Vittoria (agon)

"Fuga per la Vittoria" è un vero è proprio cult firmato da John Huston del 1981. Oltre ad essere una parata di grandissimi attori e di stelle del calcio, oltre ad essere un brillante manifesto contro la guerra, il film è anche un omaggio al potere del gioco. La vicenda si svolge durante la II guerra mondiale, e un gruppo di prigionieri alleati "ospiti" di un campo di concentramento nazista viene chiamato a fare una partita di calcio contro la nazionale tedesca. L'occasione è ghiottissima per i prigionieri per tentare una fuga. Tutto è organizzato, il gruppo di liberazione riesce a scavare un buco nello spogliatoio ma la voglia e la necessità di vincere è più forte della sicurezza della libertà. Così la squadra torna in campo.

Il finale ve lo lascio ma sappiate che la molla agonistica del gioco si rivela ragionevolmente più forte di tutte le altre considerazioni. La voglia di giocare e di vincere sconfigge tutto.

Playtime e i giochi urbani

È un film di Jaques Tatì del 1967. È la materializzazione della città come dispositivo ludico. Questo film portò sull'orlo del fallimento il suo autore ed ebbe uno scarsissimo successo di pubblico. Tuttavia è uno degli esempi più interessanti di trattare la città come un enorme parco giochi, definendo un'interazione scherzosa e ludica con gli spazi della, allora nascente, città moderna. Alcune scene più di altre fanno riflettere su questo aspetto, per esempio il riflesso su un vetro di una finestra che si muove a vasistas mette in movimento grattaceli che sembra che facciano l'altalena, mentre l'immagine finale propone una rotonda stradale che si trasforma in una giostra carosello.

In realtà il film di Tatì è per molti versi profetico perché racconta di una funzione che la città sta raggiungendo sempre di più negli ultimi anni. Private del senso della produzione e del senso del commercio la materia delle città è sempre più vicina a quella dell'essere proprio delle arene di gioco o addirittura dei veri e proprio giocattoli. In alcune città il peso dei turisti è tale da spostare il senso della città stessa. Se si sommano, infatti i turisti ai cittadini che lavorano per loro, in città come Firenze, Venezia, Napoli o Palermo ci si ritrova davanti ad un costrutto ludico entro il quale si gioca alla città. Le ragioni che hanno creato quegli spazi semplicemente non esistono più e la città semplicemente mette in scena sé stessa. Il film di Tatì per tanti versi anticipava questo senso della città, interpretandola come un vero e proprio giocattolo.

The Truman Show

Quasi tutti i film trattati in questo libro sono mainstream. Sono famosi e la scelta che è stata fatta per la loro selezione ha preso in considerazione tanto l'esemplarità dei racconti, che capacità di queste opere di essere parte dell'immaginario collettivo. "The Truman Show" è senz'altro un film molto importante da questo punto di vista, perché ha fotografato un fenomeno, quello dei reality show, portandolo al parossismo. In questo catalogo di esempi cinematografici, che si intrecciano ad elementi del gioco questo film ha un ruolo molto particolare. In realtà, ancor più che la storia di un uomo "intrappolato" suo malgrado in un mondo fittizio che per lui assume il senso di una vera realtà, il film ha un valore importante, perché rende fisico l'anello magico entro cui si svolge l'azione di gioco. Se i giochi sono altro rispetto alla vita vera esiste un confine, che nel caso dei giochi sportivi è il campo da gioco, entro cui valgono le regole del gioco e non altre, che nel caso dei giochi da tavolo è il tabellone di gioco, o ancora nella lettura di un libro è definito dall'oggetto libro stesso. Questo confine può anche essere sfumato e metaforico, come avviene nei libri, in cui fin quando si è avvinti nella lettura si resta all'interno del cerchio magico del gioco. Questo confine all'interno del film "The Truman Show" assume un ruolo scenografico importantissimo. Il "gioco" del reality entro cui Truman è intrappolato ha il confine preciso della cupola entro cui si svolge l'azione della sua vita, che è "vera" soltanto nei pezzi che sono ripresi dalle telecamere. In questo senso si propone una riflessione anche sul rapporto della realtà reale rispetto alla realtà cinematografica. Il ruolo della cupola è importantissimo nella narrazione tanto che il racconto raggiunge ad un epilogo quando vengono raggiunti i confini del cerchio magico.

In questo senso, oltre a mettere in scena e a rendere palesemente fisico il confine tra gioco è non gioco rappresentato dalla cupola, il film definisce anche un altro importante elemento. La volontarietà dell'atto ludico è uno dei presupposti fondamentali per una esperienza di gioco onesta. Ciò è stato già espresso da Huizinga (1939) e poi ribadito da Avedon e Sutton Smith (1971) e da molti altri. Questa volontarietà è messa fortemente in discussione dai dispositivi gamificati. In questi dispositivi, infatti, molto spesso ci si trova costretti a "giocare" o ancor peggio non si è coscienti di giocare. Infatti se è vero che chiunque debba giocare non possa giocare è ancora più vero che chiunque non abbia consapevolezza di giocare non stia giocando.

The Truman Show è essenzialmente un film sul gioco inconsapevole e sulla gamification. La vita del protagonista è gamificata e lui che è il protagonista del gioco non è consapevole della sua posizione all'interno del gioco. Questa condizione, a ben vedere, è ancora peggiore rispetto a quella di chi viene forzato a giocare ed è uno degli aspetti più deteriori delle pratiche di gamification che si intrecciano continuamente nella quotidianità.

WarGames

Immaginate la paura che potesse avere per i videogiochi la generazione adulta negli anni '70 e '80.

Si trattava di una rivoluzione, che potremmo definire per lo meno inquietante, per molti versi simile a quella della televisione ma molto più violenta, anche perché in grado di coinvolgere una fascia d'età inedita. In pochi anni cambiò la postura del mondo e il senso stesso di interattività venne stravolto. Questo aspetto, insieme al tema, pure molto presente della guerra fredda, è alla base dell'ispirazione per WarGames, film del 1983 di John Badham. Nel film un ragazzo finisce per giocare ad un gioco, che sembra una simulazione di bombardamento missilistico, ma che in realtà porta il mondo sull'orlo dell'apocalisse nucleare. Questo tema, esplorato già dal "Dottor Stranamore" di Kubrick, è il pretesto per esplorare la pervicacia dei giochi e per mettere in evidenza la capacità dei giochi stessi di essere una simulazione di situazioni reali. In un altro caso - Giochi Stellari - che vedremo più avanti, un videogioco viene usato come metodo di reclutamento per una immensa guerra intergalattica. Ancora una volta il film mette in guardia dalla rottura del cerchio magico del senso dei giochi. Entro questo cerchio quasi sacro si compie la liturgia dei giochi, prende sostanza la promessa che i giochi avranno senso solo dentro al cerchio, e che non lasceranno conseguenze al di fuori di esso. Ma, se in altri casi la rottura di questo cerchio porta a delle conseguenze soprattutto per i protagonisti del gioco, nel caso di

"WarGames" avviene che le conseguenze della rottura del cerchio magico del gioco sono molto più generali e globali: una guerra termonucleare totale. In una certa misura viene messa in scena anche l'alterità incomprensibile e misteriosa dei videogiochi. Infine WarGames fa affacciare alla ribalta la potenza della comunicazione tra le reti di computer. Per la prima volta si vede la possibilità di due computer di parlare tra di loro, di scambiarsi informazioni. Questo concentrato di "paure" più o meno convincenti è il motore della trama del film.

Giochi Stellari (the last StarFighter)

Giochi Stellari è un film di Nick Castle del 1984. Il film è molto importante per la storia degli effetti speciali. Per la prima volta ci sono scene interamente generate in computer grafica, ha una certa importanza anche nella storia dei videogiochi. Dal film doveva essere tratto un gioco che non vide mai la luce. Peraltro tutto il film ha quasi l'aspetto del trailer di un videogioco. Probabilmente il film ha una minore importanza nella storia del cinema tuttavia in questo contesto ha una certa rilevanza. Il presupposto narrativo di Giochi Stellari è, infatti, il reclutamento di un giovane pilota spaziale tramite un videogioco cabinato. Questo aspetto, come in altri casi, mette in evidenza la capacità dei giochi e dei videogiochi di essere delle strutture in grado di valutare le capacità dei giocatori e di fargli acquisire delle abilità tramite un meccanismo di prova ed errore.

Free Guy – eroe per gioco

Free Guy – eroe per gioco è un film del 2021 prodotto da Disney studios. Per molti versi è un'evoluzione dei temi già trattati in "the truman show". Se quest'ultimo film parlava della contraddizione alla base dei reality show, in grado di trasformare il reale palesemente finto dei reality in una realtà reale dai tratti distopici, Free Guy approfondisce il tema della pervicacia dei videogiochi a mondo aperto. Questo recente film può essere anche confrontato con "Ready Player One" anche se ha dei toni molto meno catastrofici, è pur sempre un film Disney. Nel film il primo argomento che appare con chiarezza è proprio la sfera del gioco, intesa come un cerchio entro il quale possono accadere le cose più assurde e pericolose senza alcuna conseguenza. Così si affrontano con leggerezza rapine, esplosioni, sparatorie, etc. La cosa più interessante del film è che il protagonista è un PNG, ovvero un Personaggio Non Giocabile: uno dei personaggi gestiti dai computer che, come in un romanzo di formazione, prende pian piano coscienza della sua condizione. Il film è anche interessante perché mette a nudo il funzionamento dei giochi a mondo aperto. L'interfaccia, che nel gioco consente di vederne gli elementi, è costituita da degli occhiali per la realtà aumentata. In un certo senso questi strumenti promettono, tra l'altro, di usare il mondo come un'arena di gioco. Il film al di là dei toni favolistici tipicamente disneyani propone una interessante riflessione sul senso di reale e virtuale e sul senso stesso della creazione della vita. Il raggiungimento dell'autocoscienza da parte di un sistema di Intelligenza Artificiale è il pretesto narrativo del film e il fatto che avvenga in un contesto ludico è una ulteriore dimostrazione del ruolo fondamentale del gioco come elemento strettamente umano.

Squid Game (Ilynx)

Squid Game è una serie TV coreana prodotta da Netflix nel 2021. Tra le opere analizzate in questo libro ha un posto particolare. Innanzitutto si tratta della sola serie TV, anche se molte altre serie hanno trattato temi affini ai giochi e in particolare ai giochi urbani come nel caso di "Dispatches From Elsewhere". Inoltre Squid Game tratta almeno tre aspetti dei giochi, che è importante mettere in evidenza in un testo che ha la pretesa di spiegare come si facciano i giochi. Il primo aspetto riguarda la libertà dell'azione di gioco. Una delle caratteristiche dei giochi è, infatti, la volontà del giocatore di giocare liberamente. Squid Game racconta le storie di diverse persone che trovano un'occasione di riscatto in un grande gioco, che ripropone versioni particolari di giochi fanciulleschi. Si comincia con 1, 2, 3, stella per arrivare, per l'appunto al gioco del calamaro. Fin qui si tratterebbe di una storia assai poco avvincente, se non fosse che come ne "La Lunga Marcia" di Stephen King, quando si viene eliminati da un gioco si viene eliminati in modo definitivo, nel senso che si muore. Una volta scoperta questa tragica eventualità i "giocatori" decidono, nella seconda puntata" di terminare il gioco. Tuttavia scontrandosi nuovamente con le loro vite, quasi tutti decidono di tornare a giocare. Da quel momento in poi i giocatori hanno scelto di giocare e iniziano effettivamente, da quel momento, ad interpretare quel ruolo. Il secondo aspetto riguarda la ludopatia. La gran parte dei partecipanti al gioco della serie, e in particolar modo il protagonista, è ludopatica. Ovvero non riesce a tenere isolata la sfera dei giochi dalla sfera del resto della vita. Non è in grado di seguire uno dei comandamenti del gioco, ovvero: Quando è finita, è finita! Al di là di ciò, però, proprio quello che accade nella seconda puntata chiarisce quanto la serie tv sia anche un percorso di espiazione rispetto alla ludopatia. Già nella prima puntata, infatti, la membrana del gioco si infrange proprio quando i giocatori si rendono conto che la posta in gioco sarebbe stata la loro stessa vita. Tuttavia sarebbe stato uno dei tanti racconti distopici se i giocatori fossero stati semplicemente costretti a continuare il gioco. La svolta della seconda puntata, invece, rivela proprio il tranello della ludopatia. La promessa del denaro in palio, convince, infatti, quasi tutti i giocatori a tornare volontariamente al gioco. Il linguaggio che viene usato per infrangere la sfera del gioco è il denaro. Per molti aspetti il denaro può essere considerato una sorta di traduttore universale che è potenzialmente qualsiasi cosa. Non stupisce, quindi, che lo strumento in grado di rompere il cerchio del gioco sia proprio il denaro, perché sostanzialmente traduce il valore del gioco per portarlo nella vita di ogni giorno.

Il terzo aspetto, collegato a quello appena espresso, è l'Ilynx. Questo aspetto dei giochi riguarda il senso di vertigine che possiamo provare durante un'esperienza di gioco. Si può trattare di una vertigine fisica come nel caso di un ottovolante, oppure una vertigine legata all'incertezza di un tiro o di un risultato o, ancora, una incertezza definita dal gioco di un avversario. Gli ultimi minuti di gioco nei giochi a tempo sono molto più interessanti e carichi di tensione rispetto ai primi. Un tiro in qualsiasi gioco sportivo può riuscire più o meno bene a seconda di moltissime e diversissime condizioni. Nei giochi a punti non tutti i punti hanno lo stesso senso, alcuni sono più importanti di altri. Uno degli aspetti per aumentare la tensione e il senso di incertezza è senz'altro aumentare la posta in palio. In Squid Game la posta in palio è la vita di 456 persone da un lato e 45,6 miliardi di won (la moneta sudcoreana) dall'altro. Se non fosse così grande la posta in palio Squid Game non avrebbe alcun senso narrativo. È l'ilynx l'ingrediente in grado di tenerci avvinghiati a questa serie per 9 puntate, così come è l'ilynx l'ingrediente principale che decreta il successo e la longevità di un gioco.

Il gioco come dispositivo comunicativo

Cara lettrice, lo so stavi già imputandomi un comportamento maschilista/paternalista poco inclusivo e quant'altro e tu caro amico maschietto, che pure stai leggendo rapito questo libro, ti troverai spiazzato e sembrerà che non mi stia rivolgendo anche a te. Invece sì mi rivolgo anche a te. Per un attimo pensa come possa essere difficile ritrovarsi in un mondo in cui si rivolgono anche a te ma con un genere differente dal tuo. Insomma decidere il genere con cui rivolgersi ad un interlocutore è un problema di comunicazione mica da poco e per me la comunicazione è una cosa realmente magica. Mettendo da parte i racconti di fantascienza è impossibile trasportare un messaggio senza che questo sia frainteso almeno in parte. Questo gioco di fraintendimento è un pezzo essenziale della comunicazione e soprattutto dei diversi strumenti sui quali disponiamo le informazioni perché viaggino da un emettitore a un ricevente.

Sul finire degli anni '60 del '900 Marshall McLuhan si interroga sul significato degli "Strumenti del

Comunicare", in relazione alle caratteristiche interne ai differenti media. Più o meno negli stessi anni Kevin Lynch si interroga sul senso psicologico che hanno gli spazi urbani, definendo le regole che forma "L'immagine della Città" in ognuno di noi. In realtà queste due riflessioni si riverberano all'interno dei giochi urbani. Qualsiasi meccanismo comunicativo può essere descritto nel rapporto mediato tra un emettitore e un ricevitore. In mezzo a questo rapporto c'è il messaggio, che viene lanciato e ricevuto. Per trasportare questo messaggio, già da parecchi millenni, l'umanità ha inventato i più differenti strumenti. Questi strumenti sono i media. Mcluhan capì che i media hanno caratteristiche differenti, grazie alle quali vari media sono in grado di trasportare diverse quantità, qualità e parti del messaggio.

In questo gioco interessantissimo ci sono anche altri attori oltre ai media. L'emettitore esprimerà il suo messaggio attraverso una traduzione del contenuto attraverso la propria libreria di codici e segni, parimenti il ricevitore interpreterà il messaggio attraverso i propri codici e segni. Quindi, per dirla tutta, un messaggio viene pensato, tradotto in codici e segni comprensibili, trasportato tramite un media più o meno adatto a trasportare quei codici e segni, ricevuto e reinterpretato. Il marchingegno comunicativo, invariabilmente, fa sì che il messaggio si trasformi fortemente da ciò che l'emittente voleva comunicare e ciò che il ricevente è in grado di capire.

Chi fa giochi non si occupa necessariamente di modificare e arricchire la libreria di codici e segni dei ricevitori. Questi aspetti sono affidati alla pedagogia. D'altro canto, però, chi costruisce giochi ha a che fare con un media le cui caratteristiche vanno analizzate con attenzione. Tutti i media possono essere studiati rispetto al rapporto tra l'attività della emissione e la passività della ricezione. Nessun media definisce un ruolo totalmente passivo del ricevente. C'è sempre un'attività intima di decodifica delle informazioni. Chiaramente, però, ci sono media, che richiedono un maggiore o minore coinvolgimento del ricettore. Ad esempio la visione di un film impone un minore grado di completamento, da parte dello spettatore, rispetto alla lettura di un libro. Per questo motivo può essere un'esperienza assai differente leggere un'opera letteraria rispetto ad assistere alla sua trasposizione cinematografica. Rispetto a questo il gioco è un media molto peculiare. In questo caso il messaggio all'interno del gioco è affidato quasi del tutto al completamento e all'interpretazione del giocatore. Il gioco stesso, molto spesso, si arricchisce sotto l'azione dei giocatori. Ad esempio la prima partita di scacchi sarà stata indubbiamente meno complessa delle recenti prestazioni dei maestri di questo gioco. Chiaramente esistono molti tipi di gioco, che possono essere definiti come media differenti. Tuttavia, anche nel caso dei giochi più chiusi, come le escape room e derivati, è vero che i giocatori hanno il compito di completare le informazioni molto più che in qualsiasi altra narrazione. Una escape room, infatti, può essere anche raccontata come un romanzo ma, in questo caso, l'interazione dei lettori sarà innegabilmente minore. D'altro canto le escape room sono dei giochi che difficilmente si ripetono. Proprio perché definiscono un racconto e una serie di azioni chiuse che difficilmente si vorrà riaffrontare tal quale. Altre tipologie di gioco, come i board game, definiscono una tale quantità di interazione da consentire esperienze ogni volta differenti. La stessa cosa si può dire per i giochi sportivi. I messaggi che i creatori di giochi vogliono mettere dentro i loro giochi sono completati e a volte stravolti dai giocatori.

Nei primi anni del '900 Elizabeth Magie inventò un gioco per criticare il concetto stesso di proprietà privata. Il contenuto, che Magie voleva veicolare, era quello della tassazione unica della proprietà in accordo alle teorie economiche di Henry George. Il gioco si chiamava "The Landlord's Game". Tra le altre caratteristiche si deve a Magie l'invenzione di un tabellone continuo, in cui le pedine continuano a girare all'infinito. La cosa interessante di questa storia è che dopo una rocambolesca serie di avvenimenti e quasi trent'anni il gioco venne commercializzato dalla Parker Brothers in una versione, che premiava il monopolio capitalistico. Chiaramente stiamo parlando del Monopoli. Insomma un gioco nato per essere un manifesto anticapitalistico si è trasformato nell'emblema stesso del capitalismo, grazie ad un'azione e interpretazione delle regole da parte dei giocatori. Prima di un tardivo riconoscimento della maternità di Magie del Monopoly, Charles Darrow si era spacciato come l'inventore del gioco. In realtà il gioco fu un'invenzione di Elizabeth Magie, che fu sottoposta ad un lunghissimo periodo di playtest involontario da parte di persone che lo giocavano, modificandone le regole, ridisegnando il tabellone e ridefinendone gli obiettivi. Il gioco, che fu pubblicato negli anni '30 dalla Parker Brothers, divenne così un distillato della vita statunitense, di quegli anni. Per questo ebbe un successo ineguagliabile. I giocatori hanno generato monopoli! In questo senso Monopoly è un gioco collettivo affinato in anni, anche se va sempre riconosciuto che partì da alcune intuizioni geniali di Elizabeth Magie.

Per molti versi i giochi sono dei testi per la comprensione dei quali è necessario un forte grado di completamento da parte dei giocatori. Quando ci accingiamo a produrre un gioco, ad essere game designer, dobbiamo avere coscienza della nostra capacità di inserire all'interno dei giochi gli elementi definiti da Callois: agon, mimicry, Ilynx e alea. Ogn'uno di questi elementi aiuta il giocatore ad essere avvinto al gioco, a credere di stare all'interno di una sfera di senso entro la quale far accadere cose incredibili!

Trucchi per aumentare l'Agon

L'agon è quell'aspetto dei giochi, che si confronta con la voglia di primeggiare. Questo aspetto dei giochi può definire un confronto con altri giocatori che competono con noi, può definire un confronto con campioni del passato o ancora può strutturarsi in un confronto con i nostri stessi risultati.

L'agon si struttura soprattutto nelle classifiche e i punteggi che ritroviamo all'interno dei giochi. Non tutti i giochi contemplano questi strumenti. Ad esempio il gioco del teatro, che si basa sulla mimicry di cui parleremo più avanti, non ha alcun bisogno di strumenti che mettano in evidenza l'aspetto agonistico della rappresentazione, anche se indubbiamente esistono attori più o meno bravi. E esistono anche format teatrali basati sull'interpretazione che sono strutturabili come gare. Recentemente il format "LOL, chi ride è fuori" ha evidenziato proprio questo aspetto agonistico. In generale i 4 elementi teorizzati da Callois tendono a potenziarsi l'un l'altro. Da questo punto di vista i punteggi sono strettamente collegati alla natura dei giochi cui appartengono. Tuttavia può essere un'esperienza interessante provare ad usare sistemi di punteggio differenti all'interno di cornici di senso dei giochi sportivi. Per esempio usare il punteggio del Tennis in una partita di Basket. In questo modo si possono comprendere le differenti caratteristiche dei sistemi di punteggio e si possono apprezzare i rapporti tra regole e rappresentazioni e i differenti sistemi di punteggi. Il mondo dei videogiochi ha costruito un sacco di sistemi di punteggio differenti soprattutto nell'era degli arcade da sala giochi. Tuttavia non è sbagliato affermare che l'aspetto del punteggio non sia la molla centrale, che ha spinto almeno una generazione di ragazzi a utilizzare monete e tempo per divertirsi davanti ad uno schermo al bar o in sala giochi.

Uno degli aspetti più interessanti dei punteggi è l'Intersezione del mondo del game design con quello della gamification. La gran parte dei videogiochi, che propongono dei meccanismi di acquisto al loro interno, tengono quasi sempre ben distinti gli avanzamenti all'interno del gioco dalle possibilità di aumentare le capacità e possibilità del gioco.

Chiaramente non è una regola assoluta e a volte questa parete tra i due sistemi di punteggio cade. Questi meccanismi sono spesso mutuati, in una sorta di circolo, dal mondo della gamification, quella tendenza che propone sistemi e meccanismi di gioco al di fuori di un contesto ludico. Per certi versi, infatti, la valorizzazione di cose come armi, armature, skin, abilità, incantesimi, etc. rompe il cerchio magico del gioco, perché il denaro (vero) tradotto in crediti (virtuali) è un ponte in cui si materializzano conseguenze del gioco al di fuori del suo senso. Non è un caso che mai un videogioco utilizzerà il nome del denaro vero, che si è usato per acquistare i crediti del gioco. Si tratta di una piccola furbizia, però fa capire quanto sia importante preservare il contratto segreto tra gioco e giocatori o almeno illudersi che sia rispettato.

Una delle principali considerazioni, che si può fare sui punteggi, riguarda il loro rapporto con il tempo di gioco. Tornando ai giochi sportivi, uno dei giochi con il punteggio più semplice è il calcio. Soltanto segnare un goal consente di avere un punto. Non ci sono modi differenti per muovere il punteggio. Una squadra può battere 100 calci d'angolo ma ciò non gli garantirà nessun punteggio in più o in meno rispetto alla squadra avversaria. Allo stesso modo, questa struttura di punteggio è ancorata ad una durata fissa della partita, definita in 90 minuti. Il calcio è uno sport generalmente a basso punteggio, ciò significa che le sue regole propongono un confronto equilibrato tra attacco e difesa. Per fare un altro esempio un gioco come il basket non è affatto così, perché propone un vantaggio sostanziale per l'attacco, infatti propone punteggi ben più alti di quelli calcistici. La caratteristica di proporre punteggi bassi in un tempo lungo, definisce il quadro entro cui si sviluppa gran parte della mitologia del Calcio. Poter vincere una partita, pur avendo giocato per quasi tutto il tempo difendendosi in maniera arcigna, con un rocambolesco goal, magari allo scadere è uno degli aspetti che appartengono al DNA di questo gioco ed è strettamente legato al suo sistema di punteggio. Uno degli aspetti più interessanti rispetto ai punteggi nello sport riguarda la loro modifica. Dell'introduzione del tiro da 3 punti nel basket si parla altrove nel libro quindi non verrà approfondito qui, anche se è un intervento che ha dato una diversa profondità al gioco come pochi. Nel 1998 la Pallavolo abolì definitivamente il cambio palla. Prima di quella data il diritto a fare punto era solo della squadra che batteva. Dal punto di vista del gioco, essendo la squadra che batte piuttosto svantaggia rispetto alla squadra che riceve, la regola del cambio palla serviva a dare equilibrio al gioco, a renderlo più avvincente.

Questo cambio del punteggio si accompagnò ad un aumento dei punti per aggiudicarsi i set, che passarono da 15 a 25. In realtà questa modifica nel punteggio serviva anche a rendere il punteggio più comprensibile. Il tennis ha un sistema di punteggio molto interessante, perché definisce tanti momenti di gioco differenti.

Tutti questi esempi raccontano quanto i sistemi di punteggio possano aiutare a migliorare gli aspetti agonistici legati ai giochi ma non sono il solo aspetto che può influenzarli. In particolare il confronto diretto con gli altri giocatori può aumentare il senso di agonismo. Se si considerano ad esempio le gare di automobilismo, c'è una profonda differenza tra una gara di rally rispetto ad una gara in pista, ad esempio di formula 1. In queste ultime il confronto tra i piloti è palese e visibile mentre nelle gare di rally il confronto è mediato tramite la somma dei tempi delle diverse prove speciali. In quest'ultimo caso, insomma non c'è un confronto diretto tra i piloti. Chiaramente i confronti diretti tendono a far prevalere gli aspetti agonistici.

Trucchi per aumentare la Mimicry

La mimicry è quell'aspetto che mette i giocatori nella condizione di interpretare un ruolo differente da quello abituale. La mimicry è un elemento estremamente potente all'interno dei giochi. In generale potenzia la struttura delle regole del gioco, rendendole comprensibili e soprattutto accettabili da parte dei giocatori. Praticamente ogni gioco può essere spogliato dei suoi elementi di mimicry e può essere portato ad un livello di astrazione totale. Immaginate Risiko senza carri armati, territori e confini o ancora Monopoly senza proprietà, soldi, prigioni e casette da costruire. I giochi sarebbero identici ma senza questi elementi sarebbero delle esperienze monche. Uno degli aspetti peculiari del gioco, inteso come meccanismo comunicativo, è che i giocatori hanno un ruolo all'interno della narrazione. Quando vediamo un film, anche se stiamo tecnicamente dentro un gioco, il nostro ruolo è sempre più o meno quello di essere spettatori. C'è sempre una quarta parete invisibile, che ci consente di accettare un ruolo di osservatori non visti dall'azione. In realtà ci sono alcune rimarchevoli eccezioni rispetto a questo gioco dei ruoli proposto dal cinema. In Rocky Horror Picture Show il pubblico ha un ruolo attivo nella visione. Si veste a tema, completa le battute, balla seguendo le istruzioni; nei fatti compie un rito e ha, per l'appunto, un ruolo molto più attivo rispetto a quello che gli viene solitamente assegnato. Anche nei film immersivi lo spettatore non può non avere un ruolo in prima persona all'interno della narrazione, perché è in genere all'interno dell'azione. In altre esperienze al pubblico può essere chiesto di scegliere la diramazione della storia che preferisce etc. Chiaramente, però dall'altro lato del gioco del cinema, quello che consiste nel fare il cinema, l'aspetto delle scenografie, dei costumi e di tutto ciò che serve a rendere credibile la mimicry della narrazione sono un aspetto centrale. Chiaramente anche in questo caso ci sono delle rimarchevoli eccezioni, come in Dogville di Lars Von Trier. In questo film sostanzialmente la scenografia non c'è, o è ridotta a pochissimi segni che determinano i confini degli ambienti della piccola cittadina in cui si svolge l'azione. In questo caso la mimicry viene affidata alla capacità immaginativa degli spettatori. Parlando di giochi, come mezzi di comunicazione, ci troviamo davanti ad una sfida. Da un lato ci sono le informazioni che vengono date ai giocatori e che i giocatori sono chiamati a completare e dall'altro ci sono le regole entro le quali i giocatori possono sviluppare la loro personale esperienza di gioco. Chiaramente quanto più si vogliono dare delle informazioni precise tanto meno rimane di interattivo nell'esperienza dei giocatori. Questo è un tipico errore quando ci si cimenta nella definizione di "giochi educativi". Molto spesso, infatti, la necessità di fornire indicazioni specifiche soffoca la possibilità di libertà dei giocatori. In Dogville la libertà di immaginare il paese in cui si svolge l'azione è tutta nei giocatori (spettatori).

Quali sono dunque gli ambiti entro i quali si può sperimentare di aumentare o ridurre la mimicry? Innanzitutto come abbiamo appena detto non sempre più mimicry equivale a giochi più belli. Perché in un certo senso la mimicry riduce la capacità dei giocatori di completare e immaginare le situazioni di gioco. Se si considerano ad esempio i giochi di ruolo, che sono senz'altro i giochi nei quali la mimicry è una componente preponderante rispetto agli altri elementi, la mimicry è affidata allo sforzo narrativo orale del game master. Questo aspetto, oltre che rispondere ad esigenze materiali di produzione del gioco, definisce un quadro in cui l'oralità della narrazione impone ai giocatori di immaginare la scena ognuno a modo proprio. Questo aspetto definisce uno dei primi aspetti della mimicry che è per l'appunto la narrazione. La storia che sta dentro un gioco è il quadro entro il quale può avvenire la sospensione della realtà che porterà i giocatori all'interno del cerchio magico entro cui potranno essere una persona differente dal consueto. La narrazione deve essere adeguata a supportare le regole del gioco e viceversa. Per ragionare su un ambito molto familiare a chi scrive, in un gioco urbano la narrazione può servire a proporre ai giocatori la motivazione che li spinga a cercare qualcosa. Così i partecipanti ad un gioco sul cibo da strada potrebbero essere stati coinvolti in un drammatico esperimento che li ha privati del senso del gusto e le loro missioni saranno il mezzo attraverso il quale recuperarlo. La narrazione è uno strumento molto potente ed estremamente economico. Nell'ultima stagione del telefilm Boris, ad un certo punto, una costosissima scena viene risolta con "O' dimo!" ovvero lo diciamo, affidando appunto alla narrazione una cosa che sarebbe stata difficile da realizzare. Tuttavia la narrazione si scontra continuamente con la realtà e prima o poi sarà quest'ultima ad avere la meglio. Per questo può essere utile tenere i giocatori avvinti alla narrazione. Questo effetto può essere raggiunto, sia proponendo unità narrative durante il gioco che ne ricordino il contesto, che agendo sugli aspetti di scenografia e di costume. Se i giocatori indossano delle tute bianche mentre fanno il loro gioco sul cibo da strada avranno in continuazione un elemento che gli ricorderà quanto loro siano parte di una narrazione e quanto sia profondo il senso di ciò che stanno facendo. Fino ad ora abbiamo trattato degli elementi che in un gioco possono essere abbastanza facilmente affrontati. Nel senso che narrazione e costumi hanno ancora dei costi sostenibili all'interno di una produzione ludica. Il terzo elemento che può essere messo in gioco riguarda, invece, le scenografie. Chiaramente si tratta di elementi potenzialmente estremamente costosi. Nell'ambito dei giochi urbani proprio l'attenzione alla scenografia è l'elemento che maggiormente li distingue dai LARP (Live Action Role Play). In un LARP se siamo in una storia che implichi un universo postatomico, il gioco non può prescindere dal fornire un'ambientazione coerente. In un gioco Urbano si sarà costretti a trovare una ragione narrativa perché quella particolare città sia coerentemente interpretabile come il pezzo di una realtà postatomica da parte dei giocatori. Ciò significa che nei giochi urbani la città teatro dell'azione è un personaggio tal quale di cui tenere conto. Spetta al gioco, con le sue regole, le sue prove e le sue narrazioni, il compito di rendere quell'ambiente urbano interpretabile come un elemento credibile della narrazione del gioco. Per questo i giochi urbani sono un prodotto generalmente molto location based. Le città sono parte fondamentale dell'azione di gioco. In questo genere di giochi deve apparire che gli elementi della città siano inseriti in quel luogo e in quel modo perché la storia che stiamo raccontando ha previsto così, anche se in realtà è esattamente il contrario.

Trucchi per aumentare l'Ilynx

L'ilynx è insieme l'ingrediente più pericoloso, quello più difficile e quello più potente all'interno di un'esperienza di gioco. Per intenderci rispetto alla pericolosità l'ilynx è l'elemento che genera addiction all'interno dei giochi. È il gancio che ci farà tornare a giocare, a volte con compulsione perché genera una situazione di rischio controllato. Quando siamo dentro un gioco è come se avessimo sottoscritto un contratto. Da un lato il gioco ci assicura che non ci faremo male e che quando sarà finita, sarà finita. Dall'altro noi accettiamo di sottostare alle regole del gioco e di impegnarci al nostro massimo. Questo mefistofelico contratto c'è in tutti i giochi e ogni volta che viene infranto ci troveremo delusi, fuori dal cerchio del gioco, a volte a guardare con invidia quelli che stanno ancora giocando. Questa particolare condizione dei giocatori genera il fatto che sono nella fortunata condizione di poter avvicinarsi ai propri limiti e di provare a superarli. Quando questi limiti vengono superati a volte accade un errore ma non sempre. Sia che l'errore accada o no il giocatore proverà godimento dall'incertezza generata dall'avvicinarsi ai propri limiti. Quando saliamo su una montagna russa il contratto tra noi e il gioco sarà che la montagna russa si impegnerà a non farci male, mentre noi proveremo ad affrontare i sobbalzi proposti nel modo più dignitoso possibile. Quando affronteremo la prima discesa avremo la sensazione che la cosa vada fuori dal nostro controllo ma saremo sufficientemente rassicurati dal gioco dal poterlo accettare senza cadere nel panico. Questa modalità di interazione tra giocatori e gioco genera Ilynx ed è presente in quantità e modalità in tutte le esperienze di gioco. L'incertezza prima di un tiro quando si gioca a basket o a calcio, la volontà di fare un determinato numero con il lancio dei dadi, quel momento in cui le mani vanno da sole mentre si gioca da bambini a battere le mani con un compagno sono tutti esempi di ilynx. Chiaramente questo aspetto del gioco è fortemente influenzato da alcuni elementi. Uno è senz'altro la posta in gioco. Un altro è l'originalità dell'esperienza. Non c'è dubbio infatti che la prima volta che faremo una determinata azione, sia essa il lancio di una palla verso un canestro o un giro su un ottovolante questa esperienza sarà estremamente significativa e forte e proveremo a ripeterla e a riottenerla facendo lanci di palla più difficili e giri su montagne russe più grandi. Questo meccanismo è alla base delle ludopatie. Quelle più gravi utilizzano il denaro come scorciatoia per aumentare la posta in gioco e, quindi, per aumentare la sensazione di Ilynx. Tuttavia sarebbe il caso anche di analizzare come il denaro, definendo un ponte tra sfera del reale e sfera del gioco, faccia terminare qualsiasi esperienza di gioco nel momento stesso in cui "entra in gioco". Per questo l'ilynx è un aspetto che va utilizzato responsabilmente. Per aumentare e gestire l'ilynx una delle strade che si possono seguire è quella di fornire tanti traguardi intermedi. In questo il punteggio del tennis è fortemente rappresentativo e ne abbiamo ampiamente parlato altrove. Ogni vota che un gioco propone dei risultati e delle sfide intermedie mette i giocatori nella condizione di dare valore a quella particolare sfida, rendendola un evento importante. Un altro aspetto molto importante per definire l'aumento dell'ilynx è l'aumento della posta in gioco. Chiaramente U'Game in generale reputa immorale rivolgersi a poste in gioco che scavalchino la sfera del gioco stesso, ma se una determinata azione ci porterà a terminare il gioco con la sfortunata eventualità di farci ripartire dal principio, quella particolare situazione sarà in grado di generare una forte Ilynx. Un altro aspetto che aumenta l'Ilynx riguarda le costrizioni o meglio ancora i limiti. Se in una determinata prova assume una certa importanza il tempo, non c'è dubbio che questo aspetto sia in grado di aumentare la sensazione di ansia positiva che è alla base della sensazione dell'Ilynx. Molti quiz televisivi si basano su questo, i countdown e le prove a tempo si basano su questo aspetto. Anche le limitazioni spaziali o ancora quelle sensoriali possono generare un aumento dell'Ilynx perché ci pongono in una condizione di indecisione rispetto a ciò che il nostro corpo può o non può fare. È chiaro che camminare su una trave sia più eccitante che camminare normalmente, e per riprendere ciò che abbiamo detto prima camminare su una trave sospesa a 5 metri di altezza può essere ancora più eccitante, perché la posta in palio passa dall'essere un balzo verso terra ad una gamba rotta o peggio pur essendo l'esperienza di camminare su una trave assolutamente identica. Se si aggiunge anche il provare a fare quest'attività bendati il senso di pericolo e di conseguenza l'ilynx cresce ancora. Nei giochi, però, va sempre ribadito che il contratto prevede che i giocatori non subiscano danneggiamenti dall'attività di gioco e che in definitiva quando è finita è finita.

Social Network vs Giochi

Il mondo digitale definisce regole e cornici di senso che lo avvicinano moltissimo ai giochi (Baricco,2018). La principale di queste caratteristiche è la mancanza di conseguenze che si vive nella realtà digitale rispetto a quella analogica. Fin quando le cose sono confinate all'interno del quadro di senso digitale ciò è senz'altro vero. Chi ha esperienze immersive digitali spesso sogna di poter far uso del comando di "Undo" anche nella vita fisica. Tuttavia se ci cade un uovo a terra non c'è nessuna combinazione di tasti che ci eviterà di pulire il pavimento.

Per comprendere bene l'enigma dei social network e il loro intreccio con il gaming e la gamification occorre riprendere un po' di definizioni che riguardano i giochi e capire in che modo gli schemi di senso, che sono definiti dentro i social network, siano associabili a giochi, o almeno ad esperienze gamificate e come forzino un rimbalzo continuo tra mondo digitale e analogico. In questa ibridazione possono nascere rischi inimmaginabili, che si avvicinano alle ludopatie, perché rompono il diaframma tra la sfera del gioco e la vita, tra la sfera digitale e quella fisica. Proviamo, quindi a mettere in relazione le definizioni più famose del termine gioco con le caratteristiche dei social network, per capire fino a che punto e in che senso i social network siano dei giochi e fino a che punto possono diventare dei meccanismi perversi e pericolosi. Come al solito è una questione più che altro di prospettive e punti di vista, di grado di coinvolgimento e di capacità di distinzione dei quadri di senso. Quando si gioca a un videogioco si sa che lanciandosi da un'isola sospesa nel cielo si aprirà una specie di piccolo paracadute che ci salverà dallo schianto. Fin quando siamo dentro quel mondo e non pretendiamo di esportare questo comportamento fuori dal suo contesto digitale non succede niente di male. Siamo all'interno dei confini di un gioco. Il problema è che i social network specialmente propongono delle situazioni nelle quali la barriera di senso del gioco si assottiglia.

Chiaramente la gravità di ciò che accade nell'ambito digitale dei social network dipende dalla capacità di ogni persona di riuscire a distinguere ciò a cui dare peso. Lo stigma digitale può diventare un elemento estremamente effimero e leggero così come può diventare un macigno inaccettabile e non sopportabile. Proprio la porosità di quest'ambito digitale rispetto alla vita analogica è l'aspetto più delicato e pericoloso. Se nei giochi d'azzardo la porosità della sfera del gioco viene sfidata soprattutto dal denaro, nei social network questa porosità viene sfidata dalla reputazione. I social network, infatti, fanno una promessa che non sempre mantengono, quella di poter essere altro rispetto al consueto, giocando soprattutto su una promessa di anonimato. Fin quando questa illusione viene mantenuta restano un gioco. Quando tutto ciò cade possono verificarsi conseguenze anche piuttosto gravi.

La Pagella di Socrate

Cara lettrice e Caro lettore, lo so ti sono mancato e avrai capito che, quando parliamo, si avvicina il momento di una domanda retorica. Eccola: quanto è necessario avere un voto per imparare qualcosa? Ovvero, Socrate metteva i voti a Platone? Esisteva la pagella di Socrate? Da quel che sappiamo Socrate trovava deprecabile scrivere, figuriamoci fare una pagella, quindi la cosa sarebbe da escludere. Eppure la pagella è un simbolo dell'insegnamento ed è la dimostrazione di quanto sia pervasivo il mondo dei giochi. Per intenderci, la pagella fu introdotta dall'imperatore di Austria Giuseppe II nel 1787 e fa parte di quella larga rivoluzione che deriva dall'Illuminismo. Il sistema scolastico è la manifestazione più chiara e più pervasiva di ciò che chiamiamo gamification. Ovvero di quella tendenza ad inserire elementi di gioco che travalicano il confine del cerchio magico che costituisce l'essenza stessa dei giochi. Ovvero di esperienze che sembrano giochi ma che hanno conseguenze nel resto della vita. Per essere chiari si può immaginare la scuola come un gioco a livelli, con dei punteggi e delle piccole e grandi sfide da affrontare. Alla fine di ogni anno si riceve il punteggio e si capisce se si ha accesso al livello successivo. Il problema di tutto ciò è che, al contrario di un gioco, la scuola ha pesanti conseguenze su ognuno di noi. Recentemente e con una sempre maggiore insistenza si è insistito sulla possibilità di inserire elementi di gamification all'interno della scuola: di ludicizzare l'apprendimento. In realtà e in larga misura questo è già vero. Il reale problema di questo atteggiamento è che porta a ridurre il senso stesso delle attività ludiche. La vera sfida non è quella di attribuire ai giochi una funzione digestiva rispetto agli argomenti scolastici, come se fosse del bicarbonato di sodio che aiuti a comprendere la matematica. Semmai la sfida consiste nel far scoprire quanto la scuola serva a giocare e far giocare meglio. Come afferma Lupetti (2023) "gamificando non si impara", semmai si ha una illusione rispetto ai risultati di entusiasmo che si possono osservare all'interno delle pratiche ludiche scolastiche.

La gamification non è né giusta né sbagliata. È una tecnica che va utilizzata con coscienza perché è estremamente potente. Allo stesso modo, quando si ha voglia di veicolare informazioni in un gioco, prima viene il gioco e poi le informazioni.

Vi sarete resi conto che il gioco è una faccenda piuttosto pervasiva. Gran parte delle nostre attività, anche se spesso non siamo disposti ad ammetterlo, sono in effetti giochi. Il tempo attuale ha delle caratteristiche particolari. La rivoluzione urbana dell'800 ebbe come riflesso la creazione di una quantità notevole di giochi. Gran parte del nostro immaginario ludico appartiene a quella epoca. Al contempo dagli anni '70 del '900, ci siamo ritrovati all'interno di un'altra rivoluzione che promette di mettere definitivamente in evidenza l'importanza del gioco. Si tratta della rivoluzione digitale. La cosa più interessante è che per molti versi questo nuovo mondo digitale ha le caratteristiche di un gioco. Perché è un cerchio magico entro il quale valgono regole peculiari e che, soprattutto, ammette e incoraggia l'errore, perché, in genere, non vi è alcuna conseguenza reale di ciò che avviene nel mondo digitale. Le cose nel mondo digitale si imparano per esperienza e senza passare dalla teoria. Allo stato attuale gli esseri umani si ritrovano continuamente a rimbalzare tra un mondo e l'altro, usano il mondo digitale per mettere in discussione quello fisico, gestiscono relazioni distanti, vogliono essere potenziati. Tutte queste condizioni danno nuove opportunità ai giochi. Siamo passati da una condizione in cui i giochi elettronici erano relegati tra le assi di un cabinato ad una condizione in cui è tutto mischiato, in cui i confini tra tangibile e digitale e tra gioco e serietà si assottigliano. Si generano nuove modalità. Si può giocare con la città fisica, ma si possono mettere elementi di gioco nella città, si può rappresentare una città. Insomma siamo sul ciglio di una nuova rivoluzione e il gioco è appena iniziato!

Giochi, musei e ipergiochi

La proposta di esperienze *game oriented* per la fruizione di beni culturali è un approccio sempre più usato per aumentare l'attrattività di siti culturali, Tanto di quelli che vivono una condizione periferica, definita dai più differenti fattori di contesto; quanto di quelli più mainstream.

Il gioco è la nuova leva, che si affianca a quella dei piani di interpretazione e dello storytelling, per fornire delle chiavi di accesso ulteriori al patrimonio.

Non c'è dubbio che la modalità di racconto sia l'elemento in grado di fare la differenza nella scelta di una destinazione. Ciò che differenzia le attività di *sorytelling* da quelle di gioco è lo spazio dell'interattività che viene lasciato ai giocatori.

In un ambito ludico i giocatori sono costretti a completare maggiormente le informazioni che vengono loro affidate dalla trama del gioco stesso. In questo senso i giochi riescono non solo ad essere dei meccanismi di *engaging* particolarmente avvincenti ma anche notevolmente utili a contesti di apprendimento, perché la nostra mente acquisisce informazioni nel momento in cui è in grado di completarle e di incasellarle in un contesto logico.

Peraltro, se si considera la classica definizione di gioco di B. Suits (1978) "giocare è lo sforzo volontario di superare ostacoli non necessari", si arriva alla conclusione che ogni attività umana collegata al contesto culturale è un'azione di gioco.

Tecnicamente anche la visita ad un museo è già un'azione di gioco. Analizzando per elementi l'esperienza di visita non c'è dubbio che sia volontaria (o almeno dovrebbe esserlo), che sia uno sforzo sia fisico che mentale e che, infine sia un ostacolo non necessario, nel senso che non attiene al quadro della sussistenza umana visitare i musei. Per partecipare al gioco della visita al museo, però, in condizioni normali, si devono conoscere le regole e i temi del museo stesso. Questo è il motivo per cui alcune persone sono avvinte dai temi e dalle collezioni di alcuni musei. Il motivo di questa passione è che quelle persone conoscono la libreria di codici e segni di cui è fatta la collezione del museo. In questo senso hanno piacere a partecipare al "gioco" della visita al museo. La costruzione di un apparato ludico ulteriore serve ad aumentare la capacità dei giocatori di interagire con la libreria di segni presente nella collezione museale attraverso una chiave di lettura ulteriore, che è quella del gioco. Tutto ciò però introduce un concetto che, ancora una volta, attiene alla gamification. La creazione di un apparato di gioco che si collega ad un itinerario di visita definisce un contesto gamificato di visita. Tuttavia esiste un confine sottile che potremmo definire di autonomia dei giochi. Se, infatti, l'attività di game design è tanto profonda da definire un percorso del tutto nuovo e indipendente, definendo un'attività nuova rispetto all'itinerario di visita siamo nel campo di un ipergioco. Ovvero di un dispositivo in grado di interpretare l'attività già ludica della visita in un nuovo quadro autonomo in cui il gioco prende il sopravvento. Questo aspetto è importante per comprendere il fallimento di tutta una serie di cosiddetti giochi educativi, che molto spetto finiscono per essere degli strumenti educativi gamificati più che dei giochi. Come detto la questione degli ipergiochi è piuttosto delicata ma si può asserire che se la parte del game design riesce a prendere il sopravvento sui contenuti si ha un ipergioco, se prevalgono i contenuti sul game design si ha un semplice contenuto gamificato. Un ulteriore esempio può aiutare a chiarire ulteriormente. I libri sono giocattoli. Hanno le loro regole, mettono in campo alcune abilità del lettore, la lettura si compie in un arco di tempo e in un ambito concluso, leggere è uno sforzo volontario e la lettura è un ostacolo non necessario. Un particolare genere letterario, quello dei librigame genera degli ipergiochi. Perché all'interno di un media ludico introduce ulteriori elementi ludici come il caso o la ramificazione e interattività della storia. Tuttavia se il librogame riesce ad essere un gioco è un ipergioco, se resta prevalentemente ul libro resta un libro gamificato.

Tornando al rapporto tra giochi e musei gli apparati ludici tendono a non interessare i reali appassionati dei temi proposti dai differenti musei. Chiaramente in questo senso può essere molto questionabile la scelta del target di riferimento e dipende essenzialmente dalla volontà dei gestori delle realtà museali. Tuttavia va chiarito che i giochi, come ogni strumento di comunicazione, abbiano bisogno di una definizione piuttosto specifica del target di riferimento.

Una questione delicata nel rapporto tra giochi e musei è rappresentata, poi, dal rapporto tra gioco e collezione. Sebbene le collezioni dei musei appaiano ai visitatori delle entità statiche, non lo sono. Non è infrequente, infatti, che alcuni pezzi delle collezioni siano spostati o prestati. Se questi pezzi fanno parte del contesto ludico si deve prevedere in anticipo una modalità alternativa di funzionamento del gioco. Proprio perché il gioco è un'attività molto coinvolgente, deve essere un meccanismo perfetto, in cui devono essere prese in considerazione tutte le eventualità possibili, per evitare che i giocatori scoprano dei bug all'interno del gioco.

Un ultimo aspetto riguarda la possibilità di utilizzare tecnologie pervasive per la gestione dei giochi. U'Game ha sviluppato una piattaforma proprietaria per la gestione dei suoi giochi. Questa piattaforma è in grado sia di dare ai giocatori informazioni: audio, video e testi; che di riceverne attraverso: risposte aperte, chiuse, accesso a luoghi precisi, ricezione di foto, video, audio, etc. Inoltre la piattaforma gestisce relazioni tra le parti del gioco, offrendo percorsi narrativi differenziati a seconda delle risposte fornite.

Tuttavia pur essendo un supporto tecnologico molto seducente e "comodo" occorre fare un'analisi accurata rispetto a ciò che si vuole ottenere dall'esperienza di gioco. Non c'è dubbio che la fruizione tramite smartphone possa definire un'esperienza solipsistica, che non è sempre augurabile nella definizione di una proposta di itinerario di visita gamificato o meglio ancora di un ipergioco museale. In questo senso uno degli asset su cui lavorare è proprio il rapporto tra collezione e gioco mediato attraverso dispositivi informatici ma non solo (mappe, elementi cartacei, cartoline, etc.) tramite i quali gestire un quadro maggiormente partecipativo e interagente tra i giocatori e tra gli stessi giocatori e la collezione. Chiaramente anche questo aspetto va definito con attenzione e in relazione a differenti fattori che vengono definiti sul campo.

Il collasso della realtà: Mondo e Oltremondo

Non c'è dubbio che ci troviamo in un momento della storia dell'uomo molto peculiare. Siamo su un crinale e sotto di noi si stagliano due mondi. Uno è quello fisico a cui ci siamo abituati e in cui abbiamo vissuto per migliaia di anni e l'altro è quello digitale, che abbiamo creato noi a nostra immagine e per i nostri scopi e al quale abbiamo donato recentemente anche la scintilla dell'intelligenza. Il mondo fisico e quello digitale hanno regole differenti e generano posture e interazioni altrettanto differenti. Pur con molte peculiarità tra i differenti strumenti che traducono il mondo digitale in qualcosa di comprensibile nel mondo analogico, il mondo digitale è leggero, riproducibile senza perdita di informazioni, veloce oltre i limiti dell'immaginabile. Per molti versi si smarca dalle limitazioni del corpo e propone un gioco che avviene su altri campi. Se avete letto o visto "Ready Player One" sarà tutto più chiaro. Anche distopie più radicali come MATRIX esprimono bene come il distacco dal corpo possa portare a generare superpoteri altrimenti impossibili: in un oltremondo siamo noi a definire le regole e quindi in quel mondo la luna può essere abitata da "lunatici extraterrestri" così come può essere possibile il teletrasporto o il viaggio oltre i limiti imposti dalla velocità della luce e dalla teoria della relatività senza alcun reale problema tecnico. In un mondo che creiamo noi le leggi della fisica non ci sono o per lo meno le possiamo scrivere noi.

Una delle cose più interessanti in questo quadro è lo sforzo di costruire delle teorie attorno a questo mondo, uno sforzo attraverso cui il mondo fisico ha sempre tentato di inseguire il mondo digitale.

Così, se il mondo fisico ha bisogno di una teoria a cui conformarsi, perché le regole a cui è costretto ad obbedire comprendono la pesantezza, la lentezza, l'attrito e tutto ciò che concerne la corporeità; il mondo digitale rende le teorie molto meno utili. Le teorie esistono per guidare la pratica, per fare meno errori. Un esempio può essere utile a comprendere meglio. Produrre un motore è uno sforzo impegnativo e lo sforzo per produrne due è doppio. Quindi occorre una teoria che dia un ragionevole conforto che, una volta costruito, il motore possa funzionare. Il mondo digitale non funziona assolutamente in un modo simile, in quel contesto avviene prima l'esperienza. Il mondo digitale è costituito da strumenti più che da teorie. Comincia e finisce con gli strumenti. Il mondo fisico ha la necessità di costruire delle teorie, per portare nel suo mondo ciò che viene costruito nel mondo digitale. La minore necessità delle teorie per il mondo digitale e la proliferazione di strumenti è dovuta soprattutto alle regole di questo mondo. La costruzione di un software è soft per definizione, è leggera e consente l'integrazione di ingredienti, di pezzi con una semplicità e una leggerezza sconosciuti al mondo fisico. Il rischio di sbagliare nel mondo digitale e molto minore che nel mondo fisico. Sbagliare una *digitazixxkifd*, scusate volevo dire una digitazione nel mondo digitale non ha quasi mai nessuna conseguenza, perché il mondo digitale è costruito per consentire gli sbagli, per correggerli senza che lascino alcuna traccia. Provate a cancellare un segno di matita su un foglio di carta con una gomma, rimarrà sempre un segno; se provate a cancellare una linea in un qualsiasi programma di photo editing non ci sarà alcun segno della cancellatura, se non un ricordo per consentirci di tornare indietro. Già, perché in un certo senso il trascorrere del tempo ha un significato differente nel mondo digitale. Possiamo tornare indietro nel nostro lavoro e prendere una nuova diramazione o ancora potremmo lavorare su più diramazioni e versioni di uno stesso lavoro. La postura, rispetto alle limitazioni del mondo fisico, è sostanzialmente differente.

Gli strumenti che utilizza U'Game per proporre un dialogo tra mondo e oltremondo sono dei feticci, delle porte che si attraversano continuamente per switchare tra mondo digitale e mondo fisico. In un certo senso il punto di arrivo è il ribaltamento del concetto di realtà aumentata, per approdare ad una virtualità aumentata. Lo scopo dei giochi di U'Game è arricchire la realtà digitale con contenuti del mondo fisico. Se nella realtà aumentata si aumentano e si commentano le informazioni che ci sono nel mondo nella virtualità aumentata si affida il tema del racconto al mondo digitale e si utilizza il mondo analogico come prova concreta di un determinato racconto.

C'è molta teoria dietro tutto ciò, il che definisce il retaggio di un punto di vista non proprio contemporaneo. Tuttavia U'Game non è la sola a percorrere questa strada. Nintendo, con il lancio di Nintendo Labo ha intrapreso la stessa strada con ben altre risorse rispetto ad una piccola compagnia come U'Game. Nintendo Labo è una serie di giochi che interagiscono con il mondo fisico attraverso device digitali, ottenendo a volte risultati magici. La rottura del confine digitale analogico è poco consueta ed è sempre strabiliante.

La messa in discussione di questo confine analogico/digitale può essere affrontata a diversi livelli in un ambito ludico. Il primo è l'inizio del gioco, il punto d'ingaggio. Questo inizio è assicurato da un elemento strutturato e connotato nel mondo fisico. Si tratta di elementi consueti e conosciuti all'interno del mondo fisico. Fino ad ora U'Game ha sperimentato la produzione di mappe e di cartoline. Sono elementi, che hanno con loro un portato semantico importante. Le mappe ci orientano nello spazio, le cartoline prendono un pezzo di realtà per trasportarlo ad amici e conoscenti come ricordo. Entrambi gli strumenti del mondo reale hanno dei corrispettivi nel mondo digitale, che sottostanno a regole differenti rispetto ai supporti fisici (mappe digitali, e-mail). Quando un giocatore inizia un gioco di U'Game percorre in un lampo il viaggio da mondo analogico e digitale descritto con estrema chiarezza nella triade "Calcio balilla", "Flipper", "Space invader" che utilizza Baricco (2018) per sintetizzare il passaggio dal mondo analogico a digitale. Il supporto fisico serve ad iniziare il gioco di rimbalzi tra i contenuti digitali del gioco, il mondo fisico con il quale ci troviamo ad interagire e il supporto fisico (feticcio), che ha invariabilmente un ruolo nel completamento del gioco. Utilizzando questi tre elementi: Feticcio, mondo fisico e informazioni digitali U'Game disegna i suoi giochi. Lo scopo è fornire un'esperienza di interazione tra i due universi, che si stanno strutturando sempre più nella realtà contemporanea.

Il mondo analogico descrive la realtà per analogie. Significa che produce una copia degli elementi usando le stesse regole.

Tutto ciò ha vantaggi e svantaggi. Innanzitutto il mondo analogico non impone salti nelle rappresentazioni del reale. Inoltre il mondo entro cui si muove la rappresentazione non ha limitazioni esterne se non quelle imposte dagli strumenti.

Quando si disegna, i limiti sono la carta e la matita. Il mondo analogico è più o meno irriproducibile a meno di perdita di informazioni ed è pesante nel trasporto.

Nel mondo analogico ha senso il concetto di originale: Il concetto di distribuzione non può essere sottovalutato.

Il mondo digitale genera una realtà con regole differenti rispetto a quelle del mondo fisico (Baricco, 2018). Gli oggetti digitali vivono un'esistenza che soggiace a regole peculiari.

Il mondo digitale è riproducibile senza perdita di informazioni, è leggero e immateriale, non ha problemi di distribuzione (o ne ha molto pochi).

Il mondo digitale ha bisogno di interfacce per essere percepito dal mondo analogico. Questi traduttori hanno limiti intrinseci. Il numero dei pixel che stanno sul monitor di un televisore full HD è di 1920x1080 pixel. Significa che in un televisore ci sono 1920x1080=2.073.600 pixel, possiamo immaginare questi pixel come delle lampadine ciascuna di queste microscopiche lampadine ha delle caratteristiche speciali: può assumere un colore differente tramite l'illuminazione di 3 canali di luce. In questo caso ci limitiamo al sistema di gestione di colore RGB (ce ne sono anche altri), che è il più diffuso per definire lo spazio colore, che definisce la rappresentazione del mondo reale nel mondo digitale.

RGB sta per Red, Green, Blu. Sono i tre ingredienti che nella sintesi additiva si utilizzano per generare i colori. Ogni pixel può essere definito con un valore che va d 0 a 255 in ognuno dei 3 canali colore che sono definiti dal sistema RGB.

Significa che nelle vostre TV o Computer ci sono al massimo 255x255x255 colori 255x255x255=16.581.375. Questo è il numero di colori che è capace di riprodurre il mondo digitale. Sono moltissimi ma il numero è finito. Se mischiamo 2 tubetti di tempera otterremo un colore che sarà unico, ovvero nel mondo analogico i colori sono infiniti e sono talmente infiniti che esistono anche colori che l'uomo non può percepire: infrarosso e ultravioletto. Il mondo digitale è un oltremondo nel quale le regole sono definite a priori dagli esseri umani e a loro uso e consumo. Nel mondo digitale valgono delle regole differenti che si avvicinano a quelle dei giochi, il mondo digitale funziona per tool che devono essere comprensibili attraverso l'esperienza. Si diventa più capaci di usare quei tool senza interrogarsi su come funzionino.

I videogiochi funzionano così!

Il mondo analogico ci obbliga ad una postura inversa: si definisce una teoria e si utilizzano gli strumenti seguendo delle istruzioni. L'apprendimento non passa dall'esperienza ma dalla teoria.

La scuola funziona così!

U'Game prova a stare a metà tra mondo e oltremondo. È un collante tra la realtà e la virtualità. Usa l'oltremondo per vivere il mondo come un'esperienza diversa. Prova ad applicare alcune regole dell'oltremondo al mondo.

Il mondo digitale:

- Genera un'umanità aumentata
- Stimola il pensiero non lineare
- Predilige la velocità
- Rifugge le intermediazioni (fa saltare passaggi)
- Preferisce l'esperienza alla teoria
- Genera l'individualismo di massa
- Stimola le perfomance
- Mette in discussione le elités (in realtà le sostituisce)

- Narrazione lineare vs narrazione reticolare

Il mondo fisico, quello che conosciamo meglio, quello che ci ospita fin dalla nostra nascita definisce alcune regole, che hanno delle profonde influenze sulle modalità di narrazione. Il mondo fisico è un mondo continuo. Non prevede che ci siano dei salti. Nel mondo fisico lo spazio e il tempo sono i due elementi ai quali si deve sottostare, reali tanto quanto la forza di gravità. Queste condizioni hanno strutturato la narrazione lineare che sottende la maggior parte dei racconti. In una partita di Calcetto (calciobalilla) o di flipper non sarà possibile tornare indietro nel tempo, ogni momento sarà per definizione irriproducibile, perché la pallina, che è un elemento fisico non potrà assumere mai la medesima posizione. Non esisteranno mai due lanci di pallina esattamente identici. Il mondo digitale, viceversa prevede la possibilità di un intreccio di storie che possono ripiegarsi su sé stesse, possono tornare indietro e non è detto che approdino allo stesso finale. Sono le narrazioni non lineari. Quando si "muore" in space invaders si vive una seconda vita ricominciando dal punto in cui si è stati abbattuti.

U'Game ha prodotto numerose esperienze di gioco, tentando di esplorare quanto la narrazione, gestita dal mondo digitale, possa ammantare di nuovo senso l'universo analogico entro il quale ci muoviamo.

Per costruire un gioco urbano

Cara lettrice e caro lettore, da questo punto in poi qualcosa cambia in questo libro. Sono raccolte le esperienze e le modalità operative che ci hanno portato a fare giochi.

Le modalità di produzione dei giochi di U'Game si sono andate evolvendo nel tempo. Sicuramente, però, abbiamo sempre trovato molte affinità tra le nostre attività di game designer e le dinamiche produttive di un film o di una serie TV. Per questo gli elementi che abbiamo scelto di sviluppare riguardano proprio il percorso produttivo degli audiovisivi:

- Sviluppo
- Pre-produzione
- Produzione
- Post-produzione

Al di là del fatto che si possa avere diversi punti forti su cui appoggiare la produzione di un gioco, può essere utile partire da un percorso produttivo collaudato in grado di definire una gradualità degli sforzi. Si possono avere differenti punti fermi su cui appoggiare un gioco. Si può avere una storia entusiasmante, una meccanica di gioco avvincente, una location esclusiva ma questi elementi andranno ad incasellarsi in un percorso produttivo chiaro e in grado di facilitare delle azioni di revisione. È bene che le 4 fasi generali, che portano alla costruzione di un gioco siano sviluppate in una sequenza e che solo occasionalmente siano messe in discussione e unicamente a causa di effettive esigenze. Questo perché ogni passo indietro nel percorso di produzione presuppone un ripensamento delle fasi successive.

Lo Sviluppo

Lo sviluppo è una fase che viene prima di qualsiasi fase produttiva e che può anche concludersi con la rinuncia al progetto. In questa fase sono sviluppati tutti gli elementi necessari alla sostenibilità dell'iniziativa in termini economici ma anche nei termini dell'ideazione preliminare.

La definizione di un tema (il soggetto)

Il soggetto in un film è l'idea che è alla base della storia. Il soggetto si articola in un brevissimo racconto, che sintetizza ciò che avviene in un film. Esistono alcuni film in cui il rapporto tra soggetto e film realizzato è palese ed è divertente scovare queste assonanze.

L'esempio più chiaro di questo rapporto connette i titoli di testa di Star wars: a new hope con Rogue one: a star wars story. Infatti il soggetto di Rogue One

non è altro che la celebre scritta che appare nei titoli
di testa di Star Wars a New hope:

È un periodo di guerra civile.
Navi spaziali Ribelli, colpendo da una
base segreta, hanno ottenuto la loro
prima vittoria contro il malvagio
Impero Galattico.

Durante la battaglia, spie Ribelli
sono riuscite a rubare i piani segreti
dell'arma decisiva dell'Impero,
la MORTE NERA, una stazione spaziale corazzata
di tale potenza da poter distruggere
un intero pianeta.

Inseguita dai biechi agenti dell'Impero,
la Principessa Leila sfreccia verso casa
a bordo della sua aeronave stellare,
custode dei piani rubati che possono
salvare il suo popolo e ridare
la libertà alla galassia.......

In realtà lo spin off di Star Wars racconta e
sviluppa quanto espresso nel secondo trafiletto del
testo introduttivo. Questo è per dire che il soggetto di
un film è un'estrema sintesi di ciò che sarà sviluppato

in sceneggiatura. Se vi raccontassi che su un treno è avvenuto un omicidio e che un investigatore di fama mondiale investiga sull'accaduto, comprendendo che esiste un legame tra l'assassinato e tutti i viaggiatori ma che è anche possibile una spiegazione molto più semplice e lineare dell'accaduto vi avrei raccontato il soggetto di assassinio sull'Orient Express, capolavoro di Agatha Christie più volte sceneggiato. Il soggetto tratteggia ciò che verrà espresso e sviluppato nella sceneggiatura in cui il soggetto può essere adattato a differenti media. Lo stesso soggetto può diventare uno spettacolo teatrale, un film, una serie tv, un romanzo, un podcast, un album musicale un videogioco o anche un gioco urbano o da tavolo.

Al livello del soggetto non c'è una differenza apprezzabile rispetto allo sviluppo per differenti media. Nel senso che il soggetto può essere il medesimo e può essere sviluppato sia che si tratti di un gioco sia che si tratti di un film o di un romanzo.

Tre esempi da U'Game

U'Game Street Food è un gioco sviluppato da U'Game nel 2017 sul cibo da strada di Palermo. Il gioco aveva lo scopo di mettere insieme differenti questioni legate al cibo da strada, fornendo ai giocatori un'esperienza coerente. Per realizzare un gioco su un tema come quello del cibo si può agire a differenti livelli. Un livello è quello di costruire le singole missioni con lo scopo di fornire un'esperienza ampia e appagante, un secondo livello è anche quello di scrivere una storia in grado di legare le imprese che si compiono in un insieme coerente. Chiaramente lo scopo di questa narrazione è di avvicinare i giocatori al tema del gioco. Diversamente dai film o dai LARP, i giochi urbani tendono ad utilizzare la città e i cittadini tal quali. Non vengono utilizzati costumi o scenografie e non vengono isolate parti della città, quindi i soggetti dei giochi urbani devono avere una certa affinità con la realtà dell'ambiente entro cui si sviluppano. Da questo punto di vista il soggetto di U'Game Street Food era piuttosto audace, eccolo:

Per anni l'umanità è stata privata del senso del gusto. Ogni bambino veniva "vaccinato" perché non provasse più niente quando mangiava. Tutto è iniziato per fronteggiare la dilagante obesità negli Stati Un ti ma a Palermo hanno trovato l'antidoto a tutto ciò...

Questa narrazione dà senso all'azione di gioco, perché motiva i giocatori ad affrontare tutte le missioni di esplorazione proposte con lo scopo di recuperare il gusto.

U'Game delitto alla Marina è un gioco, che è stato sviluppato nella sua prima versione come gioco collaterale al festival del libro indipendente di

Palermo "Una Marina di Libri". Il gioco è poi diventato un gioco avventura attivabile tramite una Cartolina, all'interno del progetto CartoGame di U'Game.

Per la sua genesi e per la location scelta, l'orto botanico di Palermo, si decise di adattare un libro esistente di Santo Piazzese: I delitti di Via Medina Sidonia. Un uomo viene trovato in una vasca dell'orto botanico di Palermo. È stato ucciso per una questione di soldi legata al festival "Una Marina di Libri", a guidarci nelle indagini sarà proprio l'anima del malcapitato. In questo caso, nell'adattamento che seguì, si decise di utilizzare lo stratagemma di una guida, anche perché il gioco era strutturato in una serie lineare di enigmi, che portavano a scoprire differenti aspetti del delitto, dal movente, fino all'autore dell'omicidio. Questo modo di strutturare i giochi è molto vicino alle esperienze proposte dalle escape room. Lo svolgimento lineare di un gioco rende più semplice la narrazione degli avvenimenti e può assicurare una gradualità dell'esperienza come suggerito dalla teoria del flusso di Csíkszentmihály. Secondo questa teoria, definita a partire soprattutto del mondo dei videogiochi, i partecipanti ad un'attività restano avvinti ad essa se questa attività non è così tanto difficile da generare frustrazione e non è troppo semplice da generare noia. Chiaramente questa gradualità del flusso è generalmente osservabile nei videogiochi che sono studiati per far restare il giocatore all'interno del flusso ma in generale è presente in tutti i percorsi di addestramento e anche nei giochi sportivi in cui si preferisce competere con avversari alla portata e in moltissime esperienze di gioco soprattutto se particolarmente lunghe, per fare un esempio non si comincia una partita ad un gioco di ruolo in una situazione già disperata ma ci si arriva gradualmente. Tuttavia ci sono dei casi in cui è quantomeno difficile contemperare le esigenze del gioco con la teoria del flusso.

Quando si affida ai giocatori la scelta delle missioni di gioco la narrazione e la gradualità possono essere più difficili da proporre. In questi casi può essere utile costruire delle fasi di gioco, in grado di portare gli elementi narrativi all'interno del gioco per spostare l'attenzione verso elementi più legati alla mimicry che all'agon.

Nel gioco Ti Misuro TermoBLitz ci era stato affidato il compito di costruire un gioco che raccontasse di 3 ambienti marini attualmente minacciati, soprattutto dal riscaldamento globale e dalle ondate di calore. In questo caso il soggetto doveva anche tenere in considerazione la necessità di coinvolgere persone su una spiaggia. Il soggetto è stato articolato, pensando soprattutto al ruolo che avrebbero interpretato i giocatori nelle attività di gioco. Il ruolo che è stato affidato ai giocatori era quello di viaggiatori del tempo mandati dal futuro ad indagare gli ambienti oggetto del gioco. Il loro capo li ha inviati indietro nel tempo ma il viaggio ha la controindicazione di far perdere la memoria ai viaggiatori. Questo il motivo per cui non ricordano del viaggio. Lo scopo del gioco era quindi raccogliere informazioni sui 3 ambienti marini: MAERL, Poseidonia Oceanica e Marciapiede a Vermeti. La meccanica di gioco faceva poi mettere le informazioni raccolte su internet, affidando proprio a questo mezzo di comunicazione il dialogo con il futuro. Questo soggetto, oltre a risolvere alcune questioni del gioco offriva anche dei margini rispetto al senso stesso delle informazioni su internet che, essendo digitali e, quindi non soggette al logorio del tempo, sono una forma di comunicazione unidirezionale con il futuro.

Consigli per farsi venire un'idea (Luke! Sono io tuo padre)

Esistono due grandi tipi di soggetto, quelli originali e quelli non originali. Per quanto riguarda questi ultimi il discorso è piuttosto semplice: si tratta di scegliere, tra i racconti esistenti, quale possa essere quello più adatto allo scopo che vogliamo perseguire. In realtà da valutare in questo caso sono soprattutto:

l'opportunità di legare il nostro gioco ad un'opera e ad un autore presumibilmente già affermato e ancora di più la sua disponibilità ad essere utilizzato nella cornice di narrazione del gioco. Un ulteriore vantaggio risulta essere quello di poter utilizzare in comunicazione la reputazione di quella particolare opera e di quell'autore. Chiaramente tutto ciò può avere un costo e può imbrigliare alcuni aspetti del gioco che intendiamo sviluppare, perché è sano che ci sia un confronto continuo tra il creatore della storia e chi sta elaborando il format di gioco, quindi l'autore del soggetto potrebbe voler avere voce in capitolo anche nella stesura del gioco, come avviene spesso per film e serie TV, che vengono trasposti in giochi.

La seconda via è quella di sviluppare un soggetto originale. In questo caso non si tratta di un percorso univoco e ognuno ha le proprie strategie e i propri strumenti per immaginare storie. Di seguito espongo alcune cose che facciamo per inventare una storia:

Facce da Bar. Si tratta di un vero e proprio gioco. Sedetevi in un bar e osservate le persone che sono dentro. Provate ad immaginare una storia che sia legata a loro, al loro aspetto al loro modo di parlare. Questo sistema è molto buono per creare personaggi ma può essere anche un utile punto di partenza per costruire una storia.

10 piccole parole. Si tratta di trovare 10 parole, si possono scegliere da un dizionario o da un libro. Dopo averle scelte si costruisce una storia che le contenga tutte.

5 piccoli posti. Questo metodo è molto legato ai luoghi. Si prende una mappa di una città e si scelgono almeno 5 posti. Poi si prova a costruire una storia che li leghi.

Basta solo una canzone. Molto spesso le canzoni possono essere un ottimo spunto per ricamare sopra una storia. Peraltro alcune canzoni sono state scritte per raccontare una storia reale. Così se L' Avvelenata è uno sfogo di Guccini per una critica musicale non gradita, oppure Wish you were here rappresenta il rammarico dei Pink Floyd per la perdita di Syd Barrett, ci si può sempre chiedere cosa faccia Lucy nel suo cielo con i diamanti e da lì partire per scrivere una storia. In questo senso è un riferimento interessante il film "Accross the Universe", perché svolge in sceneggiatura diverse canzoni dei Beatles, proponendo una narrazione, che lega una discreta parte della produzione dei fab four. Quindi si può prendere una canzone e ci si può divertire ad immaginarne il senso in un contesto narrativo nuovo oppure la si può esplodere in tutti i sensi e significati che ci vengono in mente. Oltretutto questo metodo ha anche il vantaggio di esprimere un grado di citazionismo più o meno palese che può amplificare il senso di coinvolgimento nel pubblico.

Ogni volta che riusciamo a rendere palese una base comune di conoscenza con il pubblico stiamo dichiarando una consonanza intima; riusciamo a definire il pubblico come parte della narrazione. Per questo spesso le opere narrative sono piene di citazioni e ammiccamenti, servono a far sentire il pubblico intelligente e parte di una tribù di iniziati: quelli in grado di capire le citazioni. Tuttavia questa tendenza va contemperata con la necessità di narrare una storia che abbia un senso. Se ammicchi troppo può sembrare che abbia un tic! Ecco altri esempi per iniziare a scrivere un soggetto.

Un nuovo inizio. Si prende la prima frase di un libro e la si usa come incipit per una storia tutta nuova.

Come dentro un film. Si usa una location di un film o un personaggio e li si adopera per costruire una storia nuova.

Il dettaglio. Si trova un oggetto, un dettaglio architettonico o del paesaggio, un dettaglio di una persona e lo si usa come punto di partenza per un nuovo racconto.

Tutti gli esempi appena esposti sono esercizi di scrittura creativa e servono a mettere in situazione la scrittura. L'immaginazione di cui siamo capaci è semplicemente troppa, avere vincoli o punti di partenza aiuta ad imbrigliare una narrazione e a rendere possibile la sua espressione.

La narrazione è un aspetto fondamentale dei giochi, perché rappresenta l'arena di senso entro cui si svolge l'azione, rappresenta la ragione per cui esistono determinate regole del gioco. Interessa la categoria della Mimicry, ovvero il gusto per la maschera, l'interpretazione e il travestimento.

In ogni gioco noi siamo messi in una situazione narrativa più o meno palese. Parlando di boardgame a Monopoli siamo degli speculatori fondiari, che devono estendere le loro proprietà nell'ambito ristretto di una città, che esprime valori di rendita fondiaria assai differenti da vicolo stretto a parco della vittoria. Con Risiko siamo in una situazione di guerra totale in cui comandiamo eserciti per elaborare una strategia in grado di garantirci il controllo del pianeta o almeno di una parte di esso.

I Role Play Game impongono un ambito di gioco ancora più complesso, perché la meccanica del gioco arretra, definendo un ruolo in più che è quello di immaginare il gioco stesso. Compito iniziale del master del gioco è di essere guidato nella creazione di un soggetto e una sceneggiatura entro cui far muovere e far agire i giocatori, il cui compito è di interpretare dei personaggi. In questo senso diventa un gioco di scatole cinesi a creatività multiple in cui le regole per la creazione del gioco influenzano l'elaborazione del master il cui gameplot è ulteriormente ibridato dalle azioni dei singoli giocatori che procedono nell'avventura, interpretando i ruoli che loro hanno scelto. Il più famoso dei RPG è Dungeons and Dragons ma le situazioni di gioco sono le più varie e spaziano dal mondo del Signore degli Anelli fino ad ambientazioni fantascientifiche di vario genere.

Ma anche i giochi di carte possono avere una metafora narrativa alla loro base, ad esempio la metafora della scopa sta proprio nel suo nome perché lo scopo è di spazzare, seguendo delle regole il campo da gioco dalle carte (briciole) che il nostro avversario dissemina. Per molti aspetti è un gioco a chi raccoglie più immondizia.

Chiaramente gli scacchi sono la metafora narrativa di una battaglia in cui ogni pezzo gioca un suo ruolo ed esprime determinate caratteristiche. Così le Torri sono potenti ma lente. Gli alfieri sono mobili e penetranti ma non possono uscire fuori dal loro seminato, o sono neri o sono bianchi, i cavalli possono saltare sulla testa degli altri pezzi ma hanno una gittata limitata e tendono ad imbizzarrirsi muovendosi ad L, i Pedoni quando partono dalla loro patria possono avere più slancio e poi obbediscono al loro re senza fare storie andando solo diritto, e siccome sono davvero poco potenti possono catturare solo qualcuno che gli sta vicino ma non proprio di fronte per questo mangiano in diagonale, la regina è mobile e potente, difende il suo re con ogni mezzo, peraltro solo lei in quanto regina può vessarlo, infine il Re è un pigro che si muove di una sola casella per volta peraltro ha davvero un gran da fare a muovere tutte le sue truppe.

Anche i videogame hanno senso soprattutto in relazione alla storia che li sorregge. Molto spesso la storia è semplicemente nel titolo. Space invaders è la storia di un'invasione aliena, noi siamo a bordo di un'astronave (o di un aereo se preferite) e, difesi dalle nostre postazioni, dobbiamo preservare la terra dall'invasione di terribili alieni. Ma persino Pong, per molti versi il primo videogioco per un pubblico di massa, era la metafora di una partita di tennis ed è molto divertente analizzare come con minime variazioni il semplice schema di Pong potesse interpretare i giochi sportivi più diversi, dall'hockey al calcio.

Anche i giochi sportivi sono delle metafore di narrazione e le partite sono sceneggiature sempre diverse di un soggetto definito dalle regole. Andrè Agassi sostiene che il Tennis è una violenta scazzottata tra due persone che non si colpiscono direttamente ma tramite una pallina. Ci sono poi degli sport come il wrestling in cui la storia diventa infinitamente più importante e interessante dell'atto sportivo in sé, per dirla brevemente nel wrestling c'è più mimicry che agon.

La cosa interessante all'interno dei giochi di qualsiasi genere è proprio il fatto che le regole sono dei canovacci che generano ogni volta una narrazione originale. Le partite di scacchi nascono sempre da una condizione uguale. 16 pezzi per parte si fronteggiano ai lati di una scacchiera ma lo sviluppo della partita è ogni volta differente.

C'era una volta: il kit di narrazione non lineare di U'Game

Per provare ad indagare le possibilità di costruire una narrazione non lineare U'Game ha costruito una serie di carte e un laboratorio per esplorare gli aspetti che riguardano la sceneggiatura e la narrazione non lineare. Il laboratorio si apre con la narrazione di una storia. Occorre scegliere una storia che sia conosciuta da tutti i partecipanti al laboratorio. In generale scegliamo Cappuccetto Rosso perché è molto conosciuta e perché si presta bene a poter essere divisa in scene. Dopo essersi messi d'accordo sugli elementi che compongono la narrazione i partecipanti vengono divisi in gruppi. Ciascuno dei gruppi riceve una serie di carte "sceneggiatura". Queste carte sono divise in 3 sezioni:

- luogo,

- azione,

- dialoghi.

La storia viene divisa in tante scene quante ciascun gruppo ritiene più giusto. Il cambio da una scena all'altro può essere determinato dalla modifica di uno o più degli elementi definiti dalle carte. Quindi può esserci un nuovo dialogo, può venire a modificarsi il luogo o può iniziare una nuova azione. Le differenti carte (scene) sono disposte in maniera lineare e sono collegate da una serie di connettori. Quando tutti i gruppi hanno definito la loro sceneggiatura la raccontano a tutti i partecipanti. Questo racconto può essere realizzato tramite una semplice lettura delle carte o attraverso una breve teatralizzazione. A questo punto si discute insieme sulla scelta più o meno opportuna di raccontare alcune scene anziché altre. Questa fase non serve a modificare in alcun modo la struttura delle narrazioni ma solo ad indagare le scelte fatte dai differenti gruppi. L'ulteriore fase del laboratorio introduce delle nuove carte: le diversioni. I gruppi si riuniscono nuovamente e agiscono sulle loro storie. In ciascuno dei momenti del racconto può essere introdotta una diversione dalla quale discenderanno nuovi elementi e nuove scelte di sceneggiatura. Si possono avere differenti forme di questa narrazione non lineare. Si può assumere una forma a fuso, quando una diversione genererà una sequenza narrativa che ritornerà nell'alveo della narrazione lineare. Si potrà generare una struttura ad albero, nella quale le diversioni genereranno delle diramazioni che condurranno a finali differenti della storia e si potranno avere strutture a piramide in cui origini diverse concorreranno tutte verso un medesimo finale. Chiaramente si potranno definire anche strutture miste. L'ultima attività del laboratorio "C'era una volta" riguarda la diffusione e messa in ordine degli esiti. La narrazione non lineare può essere sia l'oggetto di una teatralizzazione interattiva che la traccia per un racconto ipertestuale. Se, infine si aggiungono delle interazioni più profonde per gestire le diramazioni quello stesso racconto ipertestuale diventa la traccia per un librogame, per un gioco testuale o ancora per un gioco urbano.

Verificare un'idea

Uno degli aspetti essenziali del game design è la verifica di quanto prodotto. In un gioco ci sono moltissimi aspetti da verificare: dal tempo di gioco alla capacità di tenere il giocatore all'interno di un flusso di gioco. La prima cosa da verificare è se valga la pena raccontare la nostra storia. In questo caso i primi giudici dell'opportunità di raccontare una storia siamo proprio noi, ma occorre ricorrere ad alcuni espedienti per renderci dei giudici efficaci.

La prima regola o consiglio è di aspettare un po' di tempo prima di rileggere il soggetto. Nel momento in cui scriviamo, infatti, tendiamo più facilmente a giustificare ciò che stiamo scrivendo, tendiamo a completare automaticamente la storia rendendola interessante. Quindi va bene leggere le proprie storie ma, se si vuole giudicarne il valore, occorre distaccarsi per almeno qualche giorno dalla scrittura. Prendete appunti, scrivete il soggetto e poi dimenticatevene per un po'. Vedrete che, quando lo rileggerete, avrete uno sguardo estremamente più critico e lucido.

Un altro modo per valutare la bontà delle vostre idee è raccontarle ad un pubblico che si avvicini il più possibile a quello che intende coinvolgere. Potete poi decidere come raccogliere i giudizi e i suggerimenti, non dimenticate mai, però, che chi vi ascolta vi sta facendo un grande regalo, perché probabilmente sta ascoltando una storia insensata o magari che è inutile raccontare.

Insomma il consiglio è di sottoporre le storie a quante più verifiche è possibile, perché la storia rappresenta la base su cui sarà costruito il vostro gioco.

Scelta di una location (Arena di gioco)

Intendiamoci su una cosa: la scrittura richiede linearità. In un libro non si può (quasi) fare altrimenti: ad un argomento ne segue un altro, fino alla conclusione. In realtà un processo produttivo non è detto che necessariamente esprima la stessa linearità. Per dirla in altre parole finora abbiamo parlato della necessità e delle modalità per scrivere un soggetto, ma non è sempre detto che questa sia la prima parte dello sviluppo di un prodotto narrativo come un gioco. Si potrebbe partire anche dalla definizione di un luogo, di una modalità di gioco o di un pubblico. Ci sono moltissimi esempi in cui il luogo viene prima del soggetto con esiti più o meno ispirati e buoni. Film come "Lisbon Story" o "Palermo Shooting" di Wim Wenders sono agli estremi della buona o cattiva ispirazione che un luogo possa generare.

Nel caso specifico di U'Game l'elemento della location di gioco è davvero centrale. Per noi il gioco è un linguaggio che aiuta le persone a creare nuove interazioni con i luoghi. Per questo la location non è mai uno sfondo ma è un giocatore a sua volta. Si può sostanzialmente scegliere di avere due atteggiamenti nei confronti delle location. Il primo è usare i luoghi come amplificatori della storia. Questo è palesemente l'uso che si fa delle location nei film. In questo modo le location e le scenografie diventano più o meno strutturali al racconto della storia. Così l'architettura brutalista degli edifici in cemento a faccia vista della Brunel UNIVERSITY è la location della cura Ludovico di Arancia Meccanica. In questo caso l'aspetto della città moderna è utilizzato per amplificare il senso di rigore, di alienazione e oppressione che è un presupposto della "cura" antiviolenza alla base del film di Kubrick. Per fare un altro esempio, legato alla produzione del regista inglese, si può richiamare il vero e proprio catalogo del design anni '60 di 2001 Odissea nello spazio, in cui appaiono opere di Eero Sarinen, di Arne Jacobsen e di Olivier Morgue. Questi luoghi e queste architetture sono utilizzati come simbolo del futuro.

Tuttavia esistono esempi in cui il luogo è il centro della narrazione. Per fare un esempio il film ad episodi "Caro Diario" di Nanni Moretti mette al centro della narrazione proprio la descrizione di alcuni luoghi prima dell'epilogo più autobiografico. I primi due capitoli "In vespa" e "Isole" sono un racconto in cui non sono i luoghi ad amplificare o a fare da contrappunto alla storia ma la storia serve a descrivere dei luoghi cari al regista. *Però, mica male Spinaceto!*

Nella definizione dei giochi di U'Game molto spesso il luogo viene prima anche della storia o del tema che si vuole sviluppare. Considerando un ordine scalare crescente U'Game sviluppa i suoi giochi in:

- Città
- Quartieri
- Luoghi
- Musei
- Stanze

Le città sono dei luoghi che esprimono un enorme grado di complessità e per questo sono arene di gioco particolarmente difficili. Ancora una volta un parallelismo con le produzioni cinematografiche può aiutare. Le ambientazioni urbane danno una grande concretezza ai film ma sono tra le location più dispendiose, perché necessitano di un controllo totale sui luoghi. Si devono chiudere strade, evitare che passanti entrino nell'inquadratura, rendere tutto coerente con la narrazione. Avviene un ribaltamento di senso in cui per il film diventa vero solo ciò che avviene davanti la macchina da presa che però è finto. Come già affermato in precedenza le produzioni cinematografiche usano la città perché è strutturalmente funzionale ad accentuare o commentare una parte del racconto. I luoghi del cinema svolgono una funzione narrativa perfetta. Mentre la realtà dei passanti e della vita va tenuta fuori dalla narrazione, perché non la si può controllare. Nella produzione dei giochi urbani, invece, la casualità dell'interazione non viene allontanata in una bolla, perché la città non è usata come una scenografia passiva, come uno sfondo. I giochi tendono ad amplificare le possibilità di interazione. Questo è un elemento di rischio molto forte perché affida una parte della riuscita del gioco alla capacità di risposta della città. I giochi urbani non utilizzano l'immagine della città ma ne usano l'insieme di pietre, cittadini e luoghi.

La città è uno degli elementi che identificano l'umanità, similmente a come gli alveari identificano le api o i formicai le formiche. Le città sono state un indiscutibile motore di sviluppo tanto che lo stesso concetto di civiltà fa riferimento al vivere in città. L'ONU riconosce l'esistenza di 196 stati. Ciascuno di questi Stati è la rappresentazione di un modo di vita, di diritti e di abitudini differenti e ciascuna differenza è rappresentata soprattutto da milioni di città a loro volta con caratteristiche fisiche e antropiche differenti. Le città sono un costrutto assai complesso e difficilmente definibile, perché non basterebbe l'elencazione degli elementi che compongono la città per comprenderle. Esistono saggi importanti come quello di Lewis Mumford, la cultura delle città o anche il diritto alla città di Henri Lefebvre, che impiegano un gran numero di pagine per ripercorrere l'importanza e le caratteristiche delle città e non è il caso qui di avventurarsi in spericolate sintesi. Tuttavia occorre richiamare quale sia il punto di vista che noi abbiamo sulla città e sulle location in generale.

Per U'Game le città sono l'interazione tra pietre e persone. Le città sono uno spazio in cui il punto fondamentale è la relazione. Le città non sono le pietre, le strade, le piazze, i monumenti e le case di cui sono composte e non sono neanche i cittadini che le abitano, ma sono l'interazione che si svolge tra i cittadini, e tra i cittadini e i luoghi. Se avessimo la possibilità di trasferire tutti i Romani a Milano il capoluogo lombardo non sarebbe più lo stesso e gli stessi Romani non potrebbero più essere tali.

Le città sono l'arena di gioco prediletta da U'Game perché sono l'espressione collettiva di un popolo. Non c'è un autore di una città, le città sono un'opera plurale e in qualche modo sono vive. I giocatori interpretano il loro ruolo particolare e chiamano all'interazione sia le pietre che gli abitanti.

Esiste un concetto molto interessante, introdotto da Christian Norberg-Schulz: il genius loci. In italiano viene tradotto con "Spirito del luogo". Ho sempre pensato che questa traduzione potesse anche essere interpretata come quella di un fantasma di un luogo, il che, a pensarci, può diventare un po' inquietante. Al di là di ciò, lo spirito di un luogo è l'essenza di ciò che è, e dipende fortemente da ciò che è stato. Si tratta di un valore che si sedimenta nel tempo, dinamico e continuamente in trasformazione ma anche fortemente identitario. Quando si sceglie di giocare con le città è proprio il "Genius Loci", che viene messo in gioco. Questo aspetto evidenzia un altro concetto, che riguarda i limiti fisici dei luoghi. Ovvero i limiti entro i quali le persone riconoscono le identità dei luoghi. Per capire meglio basta fare un esempio: dove iniziano e finiscono i confini della movida in una città? Esistono tante risposte quanti sono i cittadini di quella città e sono tutte a loro modo giuste. Chi ha introdotto questi temi, che riguardano la psicologia dello spazio, è stato Kevin Lynch che, nel suo libro "L'immagine della città", propone una lettura fatta di landmark, margini, nodi, quartieri, percorsi. L'intersezione tra il concetto di Genius Loci e gli elementi di lettura della città proposti da Lynch sono il quadro entro cui U'Game disegna i suoi giochi.

I problemi da affrontare riguardano l'identità urbana di un determinato tema, che viene sviluppato in un gioco. Così, quando U'Game ha esordito nel dicembre 2015 con il primo gioco urbano "Artigiani alla riscossa" ci si è interrogati su quali fossero i genius loci in grado di esprimere l'artigianato nella città di Palermo. A questo è seguita un'analisi di quali potessero essere i confini e i margini entro cui muoversi, che percorsi venivano espressi e quali fossero i luoghi identitari dell'artigianato e degli artigiani. Alcuni giochi sono stati disegnati proprio per intercettare lo spirito del luogo, abbracciando la casualità dell'interazione come un elemento fondante dell'esperienza. Tra le molte prove elaborate per il gioco, la prova denominata "l'ostaggio" proponeva di riconsegnare all'artigiano, che lo aveva prodotto, un oggetto, che era dato ai giocatori nella busta di gioco. In questo modo si era costretti ad interagire con vari artigiani con le persone del luogo, a chiedere informazioni e ad esplorare parti della città sconosciute, perseguendo un obiettivo pur guidati dal caso. Altre prove come "il dettaglio" spingevano i partecipanti a ritrovare elementi specifici in città. In quest'ultimo caso l'interazione avveniva più con le pietre che con le persone e in questo senso venivano proposte delle interazioni meno varie, perché diminuiva l'aspetto aleatorio di interazione con i cittadini.

La scelta delle location deve tenere conto, oltre che delle necessità narrative del gioco e, quindi, dell'identità anche del tempo di spostamento dei giocatori. Soprattutto in questo senso si deve tenere conto del fatto che lo spostamento è parte del gioco e dell'esperienza. Ciò avviene per gli spostamenti in classifiche e ancora di più a piedi. Gli spostamenti diventano quindi un ulteriore luogo del gioco di cui si deve tenere conto e, nel caso si vogliano considerare location distanti, che prevedano spostamenti più lunghi o con altri mezzi rispetto a quelli proposti per l'esperienza di gioco, occorre valutarne con attenzione l'inserimento.

Per quanto riguarda luoghi via via più delimitati viene a restringersi la scala degli elementi, ma il sistema resta grossomodo identico. Così quando U'Game si è trovata a confrontarsi con il tema del cibo in streetfood ha costruito un'avventura di gioco all'interno del museo Salinas di Palermo, selezionando gli elementi notevoli che nell'esposizione avessero un'attinenza con il tema del cibo e li ha messi in un nuovo ordine, che fosse utile all'esperienza di gioco.

Gli elementi di un gioco in ambito urbano devono essere interrelati, ovvero devono concorrere al racconto di una storia. Si può affermare che i luoghi sono il gioco tanto quanto lo sono i giochi stessi. Il gioco sulla mobilità di U'Game, Poema Urbano, definisce una dinamica, che varrà a spiegare questa affermazione. Nel gioco sono definiti differenti gate che i giocatori devono raggiungere. Ciascun gate fornisce ai partecipanti una parola d'indizio, che si riferisce a scritte che appaiono su monumenti o luoghi della città. I primi luoghi offrono, quindi, un insieme di parole e i giocatori hanno il compito di dargli un senso compiuto. Quindi i primi luoghi attivavano il secondo livello di gioco in cui diventa importante, oltre che la capacità di accedere velocemente ai gate, anche la conoscenza della città e l'interazione con i cittadini. In questo senso i luoghi diventano il gioco stesso.

La scelta di un pubblico di riferimento

Questo è un aspetto abbastanza duro da definire perché impone di ridimensionare il proprio ego. Tutti noi, quando facciamo qualsiasi cosa, pensiamo che la nostra opera possa avere un valore universale. Se cuciniamo un piatto di pasta vorremmo che piaccia a tutti, se scriviamo un testo vorremmo che sia per tutti così come se componiamo una musica o facciamo un filmato. Tuttavia non è così. Le opere universali sono davvero poche e non è per niente facile costruirle, quindi occorre pensare quale sarà il pubblico dei nostri giochi. Certamente la scelta del pubblico può essere influenzata dal tema del gioco ma non è il solo parametro di cui si deve tenere conto. In realtà tutto l'ambito dello sviluppo pone il dilemma se sia nato prima l'uovo o la gallina. Nel senso che anche la scelta di un pubblico può essere un punto di partenza quando si inizia a pensare ad un gioco, anche se si tratta di un gioco molto sottile che non andrebbe mai svelato. Perché rivela un aspetto commerciale che generalmente è poco apprezzato dai giocatori o dagli utenti. Quando riconosciamo che un film è figlio di un'operazione commerciale, più che dell'urgenza di narrare una storia, tendiamo a distaccarcene, perché ci sentiamo trattati come consumatori e non come complici della narrazione. Poco importa che siano davvero pochi i film che non fanno i conti con l'aspetto commerciale della loro esistenza.

Le più grandi rivoluzioni nei campi dell'arte e delle narrazioni sono state dettate dalla capacità di alcune opere di "inventare" nuovi pubblici. In genere si è trattato di allargamenti delle fasce di età come per "l'invenzione" del pubblico dei teenager degli anni '50 e '60 del '900. Ma ci sono anche rivoluzioni di pubblico legate al genere. La scelta del pubblico resta quindi uno degli aspetti centrali di ogni attività narrativa e a maggior ragione dei giochi, perché nei giochi i giocatori hanno un ruolo più attivo. I giocatori sono chiamati a completare più informazioni rispetto ad altri ambiti narrativi e giocano un ruolo molto più importante ed attivo rispetto ad altre forme di narrazione.

Per tornare ai giochi esistono contesti di gioco che impongono un notevole adattamento del gioco al pubblico. Così quando U'Game si è trovato a disegnare un gioco per "Una Marina di Libri" si è confrontato con un pubblico molto specifico. Nei tre giorni della manifestazione, infatti, sono passate circa 20'000 persone amanti dei libri, in prevalenza di età compresa tra i 20 e i 40 anni, generalmente in gruppi o in famiglie. Soprattutto la maggior parte di questa grande massa di visitatori non aveva alcuna intenzione di partecipare ad un gioco né alcuna particolare esperienza di giochi urbani. Questo particolare framework ha imposto la definizione di un gioco che fosse abbastanza semplice da essere svolto in poco tempo e con un grado di difficoltà che partisse da un livello semplice per diventare via via più complesso, per tentare di tenere avvinti i giocatori. Anche la scelta del tema è stata fortemente influenzata dal pubblico, perché il nostro gioco "Delitto alla Marina" era liberamente ispirato a "I delitti di via Medina Sidonia", libro di esordio di Santo Piazzese. Un aspetto che, invece, è risultato sottostimato è stata l'attitudine dei visitatori a considerare il gioco materia esclusiva per bambini. Ciò ha portato al fatto che un gioco, disegnato per confrontarsi con gruppi di adulti, è stato sperimentato soprattutto da bambini che ne hanno ricevuto il più delle volte un'esperienza frustrante.

Così al gioco hanno partecipato 83 squadre, ovvero più di 300 persone ma solo poco più del 12% di queste è riuscita a finire il gioco, risolvendo l'enigma.

Per quanto si tenti di sviluppare un gioco in grado di incontrare le necessità di un pubblico possono sempre avvenire delle situazioni più o meno inaspettate, che riducono l'efficacia dell'esperienza di gioco. La lettura dei dati ex post mostra come la scelta del tema e le modalità di comunicazione e coinvolgimento siano state appropriate ma che il gioco non sia riuscito a tenere all'interno del flusso un adeguato numero di partecipanti.

Ciò che importa comunque è la scelta del pubblico che si attua tenendo conto una serie di fattori. L'approccio più semplice è quello di porsi alcune domande:

- A quali persone può interessare il tema del gioco che sto sviluppando?
- Quali persone possono accedere all'arena di gioco?
- Quali persone sono disposte a dedicare il loro tempo al gioco?
- Quali persone posso riuscire a raggiungere con i mezzi di comunicazione che possiedo?

- Quante persone devo coinvolgere per risolvere le questioni della sostenibilità, o per garantire i risultati che mi impone il rapporto con il committente?

Rispondendo a queste domande, generalmente si riesce a definire il pubblico del nostro gioco. Di solito durante le riunioni di sviluppo di un gioco alla domanda su quale sia il pubblico del gioco rispondiamo in coro: Tutti! Perché abbiamo un atteggiamento ambizioso per i nostri giochi, poi iniziamo a rispondere alle nostre domande e riusciamo a capire meglio chi saranno i protagonisti dei nostri giochi.

Facendo qualche esempio, chi saranno i protagonisti di un gioco sul cibo da strada a Palermo? Certamente Tutti! Perché tutti possono giocare, ma quale sarà il nostro pubblico realmente...su chi possiamo contare?

Iniziamo a rispondere alle domande, a chi può interessare il tema del cibo da strada?

Chiaramente tutti abbiamo mangiato per strada, e Palermo è uno degli olimpi di questo modo di nutrirsi, ma quali categorie sono più interessate al tema?

Certamente i consumatori del cibo da strada sono in prevalenza giovani di età compresa tra i 16 e i 45 anni. Non c'è un elevato scarto di genere e neanche un importante differenziazione sociale, culturale o economica. Il cibo da strada piace tanto ad un laureato quanto ad un diplomato, ad un borghese come ad un proletario ad un ricco come ad un povero. Un'altra categoria che ha un particolare interesse nel cibo da strada è quella degli esercenti.

Considerando che sapevamo che il gioco si sarebbe svolto nel centro storico di Palermo diventava abbastanza facile porci la seconda domanda, ovvero quali persone tra i 16 e i 45 anni potevano accedere al centro storico di Palermo per giocare ad U'Game Street food?

Certamente la risposta era che avrebbero potuto accedere tutti i ragazzi residenti a Palermo e con maggiore facilità chi era residente in centro storico o ne era un abituale frequentatore.

Il gioco avrebbe avuto una durata di due giorni, dal venerdì sera alla domenica nel primo pomeriggio, Da ciò derivava la domanda: Chi avrebbe potuto dedicarsi al gioco durante un intero week-end?

Questa domanda escludeva dal nostro pubblico i ragazzi tra i 16 e i 45 anni che avessero figli piccoli e non indipendenti o coinvolgibili nelle attività di gioco. Escludeva inoltre chi avesse un lavoro che lo impegnava durante il week-end.

Le ultime due domande in qualche misura verificano il target del gioco che è stato individuato: Con che mezzi di comunicazione e a quali costi è possibile raggiungere giovani tra i 16 e i 45 anni residenti a Palermo, in prevalenza nel Centro Storico, che ne sono abituali frequentatori, che non hanno bimbi piccoli e che tendenzialmente non lavorano durante il week-end? La risposta a questo genere di domande è piuttosto complessa ma senz'altro impone una campagna social abbastanza mirata e una comunicazione fatta direttamente nelle botteghe e nei locali del centro storico, a questi mezzi si possono aggiungere dei passaggi radiofonici su emittenti locali. Questa rapida analisi definisce una spesa abbastanza contenuta e sostenibile. Un'evoluzione di questa prima incarnazione del gioco sullo streetfood ha portato alla definizione di "Urban Rush". Questo gioco sviluppato in forma di evento e oggi in vendita all'interno della nostra app promette di far scoprire il cibo da strada di Palermo. All'interno del gioco abbiamo strutturato 8 differenti missioni legate ad altrettanti cibi:

- Martorana;
- Panelle, crocchè e milza;
- Caponata;
- Sfincione;
- Arancina;
- Cannolo;
- Iris;

- Autista (una tipica bevanda digestiva di Palermo).

Ciascuno di questi cibi è raccontato attraverso una storia. Dopo l'introduzione il giocatore sceglie di proseguire nella sua missione e attiva una bussola che indica la direzione e la distanza dalla meta. In questa fase il gioco forza una sorta di *flaneurisme* per i giocatori. Ovvero li invita a perdersi nella città senza sapere con precisione dove andare né soprattutto come farlo. Una volta raggiunto il luogo i giocatori scoprono la seconda parte della storia, che lega quel determinato luogo al relativo cibo e affrontano una prova, che li rende protagonisti del racconto del cibo, che hanno vissuto. Per promuovere questo gioco U'Game si è affidata ad una campagna di comunicazione più complessa del solito, coinvolgendo influencer sia nell'ambito del cibo che dei viaggi e realizzando un trailer animato del gioco.

L'ultimo aspetto da tenere in considerazione riguarda gli elementi dimensionali, ovvero se ci si aspetta di raggiungere gli obiettivi quantitativi imposti dal committente o per coprire i costi di produzione del gioco. In questo caso il livello di coinvolgimento dei giocatori diretti era definito a priori dal committente in una dimensione compresa tra i 150 e i 200 giocatori. Quindi la domanda sarebbe diventata: "Con il target che abbiamo individuato ci aspettiamo o no di riuscire a coinvolgere almeno 150 persone nelle attività di gioco?" La risposta a questa domanda è chiaramente positiva perché il target esiste numericamente e occorreva raggiungerlo e coinvolgerlo opportunamente nel gioco. In quel caso i risultati di coinvolgimento furono raggiunti e il gioco fu un grande successo.

L'ultimo aspetto riguarda la definizione del ruolo dei giocatori all'interno del gioco. I giocatori possono essere dei reporter a caccia di notizie, viaggiatori del tempo, studiosi di arte antica, professori, etc. ma il loro ruolo non può essere troppo distante dal target di pubblico che si intende coinvolgere. Sostanzialmente non si deve pretendere di proporre un quadro narrativo troppo distante dall'identità dei giocatori, perché si può correre il rischio di allontanare i giocatori dal quadro di senso del gioco.

Scelta delle dinamiche di gioco

Gli aspetti che riguardano le dinamiche di gioco sono complessi e centrali del game design. Per affrontarli non ci si può esimere dal definire cosa siano i giochi, quali siano gli ingredienti dei quali sono composti e come mai siano così importanti e umani. Il cosiddetto secolo breve, oltre a regalarci due guerre mondiali, ci ha portato in dote una vera e propria rivoluzione ludica. Gli esiti di questa rivoluzione si sono espressi nell'esplosione degli anni '60 in cui si è passati dalla british invasion e dalla invenzione di un pubblico che prima non esisteva, quello degli adolescenti alla contestazione, che ha chiuso il decennio.

In tutto ciò la consapevolezza dell'importanza del gioco come attività fondamentale dell'uomo ha un'importanza non marginale.

Il ruolo dei giochi come l'attività in grado di garantire un pieno sviluppo dell'uomo era già stato teorizzato dall'importantissimo pedagogo Friedrich Fröbel, che nel 1826 scrisse "L'educazione dell'uomo", mettendo al centro dello sviluppo di un sano rapporto con la realtà e con la capacità di esprimersi proprio le attività ludiche dei bambini. In quell'opera il gioco viene visto come una fase propedeutica e importantissima per la crescita di un adulto sano, ma viene pur sempre confinato ad un periodo preciso della crescita dell'uomo, fino al testo di Joahn Huizinga, "Homo Ludens" del 1938. Huizinga mette il gioco in una nuova prospettiva e lo definisce come un'attività propria dell'uomo così come lo sono la stazione eretta o il pollice opponibile. In particolare afferma: <<(...) la serietà cerca di escludere il gioco, ma il gioco può includere benissimo la serietà, (...)>> si può dunque, riassumendo, chiamare il gioco un'azione libera: conscia di non essere presa "sul serio" e situata al di fuori della vita consueta, che nondimeno può impossessarsi totalmente del giocatore; azione a cui in sé non è congiunto da un interesse materiale, da cui non proviene vantaggio, che si compie entro un tempo e uno spazio definiti di proposito, che si svolge con ordine secondo date regole, e suscita rapporti sociali che facilmente si circondano di mistero o accentuano mediante travestimento la loro diversità dal mondo solito. (Huizinga, 1938 ed. 2002, p. 17)»

In questa definizione c'è già gran parte ciò che siamo abituati a definire come gioco. L'approccio sociologico alla lettura dei sistemi di gioco di Roger Caillois è particolarmente utile per introdurre e analizzare gli ingredienti di cui sono fatti i giochi di cui si è già parlato nel testo e che qui si richiamano come semplice lista: Agon (agonismo), Mimicry (interpretazione), Alea (il caso), Ilynx (il senso di vertigine).

Dal punto di vista del Game design i giochi possono essere analizzati in merito a quali delle quattro categorie individuate da Caillois mettano in campo. Chiaramente non esiste un gioco che si riduca ad una sola categoria, anche se esistono giochi fortemente sbilanciati verso una di esse. Anche i giochi che possiamo reputare più semplici mettono in campo una pluralità di approcci e di ingredienti. Saremmo infatti predisposti a pensare che il gioco dei dadi c'entri molto con la categoria Alea. Lanciamo questi due cubi, li vediamo roteare e non sappiamo cosa accadrà, saremo fortunati o no? Ma non è il solo ingrediente di questo semplice gioco. In realtà vogliamo vincere questa competizione, quindi per lo meno stiamo mettendo in campo anche la categoria dell'Agon e inoltre il brivido che sentiamo mentre i dadi frullano in aria non c'entra molto con il caso ma con l'ilynx, che potremmo definire come attesa dell'imprevedibilità.

Generalmente le modalità di gioco oscillano tra due grandi necessità. La prima è di essere collegate al racconto di una storia o all'esplorazione di un tema. La seconda è di tenere i giocatori avvinti all'interno di un flusso di gioco. Da un certo punto di vista si tratta di fornire dei pezzi di una storia in cui gli elementi che mancano vengono esplorati e completati dai giocatori attraverso le loro azioni.

In questo senso la categoria retorica più importante nella costruzione dei giochi è la sineddoche. Questa categoria è fondamentale in tutte le narrazioni. Si tratta della categoria del completamento, ovvero della parte di una storia, che viene lasciata all'immaginazione e interpretazione del fruitore. Ogni forma narrativa presuppone un certo grado di completamento.

L'esempio più semplice che si può fare riguarda l'adattamento cinematografico di un romanzo. La potenza dell'immagine visiva limita ciò che viene demandato all'immaginazione dello spettatore. Se nel racconto letterario della favola di Hansel e Gretel siamo costretti ad immaginare la casa di marzapane, in un film la vedremo sullo schermo. Questa attività di completamento ineguale definisce la differente temperatura dei media teorizzata da Marshall McLuhan (1964). Così ciascun media ha una temperatura propria a seconda delle informazioni che può veicolare. Vista dal punto di vista del ricevente l'informazione, la sineddoche esprime la necessità dello spettatore di completare le informazioni all'interno della narrazione stessa. Tutti i salti logici o temporali all'interno delle narrazioni sono affidati alla sineddoche, ovvero alla nostra immaginazione. Lo spazio tra una vignetta e l'altra di un fumetto, tra un paragrafo e l'altro di un romanzo, tra una scena e l'altra di un film sono il campo da gioco, che viene lasciato agli spettatori per completare le informazioni di una storia.

Si tratta di un'esigenza tecnica della narrazione, altrimenti saremmo costretti a seguire racconti come L'Ulisse di Joyce o film che durano settimane in cui accade poco o niente, ma si tratta anche di un aspetto che rende le narrazioni un'esperienza intima e personale.

Il gioco definisce un rapporto particolare proprio con la sineddoche, perché il livello narrativo, l'interazione e l'imprevisto è mediato proprio dalle regole del gioco, che vengono accettate all'inizio. Così la storia può essere raccontata e integrata continuamente dalle esperienze di gioco in cui i giocatori assumono un ruolo attivo che completa la loro esperienza narrativa. In questo senso il gioco può mediare in maniera opportuna tra forme di narrazione convenzionale ricollegandole alla trama generale del gioco. Lo scopo del gioco degli scacchi è intrappolare il re avversario, catturando le sue pedine e ogni singola mossa di ciascun pezzo si ricollega a questa trama o a questo scopo, peraltro ogni mossa risponde alle regole del gioco.

I Giochi a Punti

U'Game ha sperimentato e continua a sperimentare diverse modalità di gioco. La prima modalità che viene usata soprattutto nei nostri Urban Game è quella a punti. In questo caso viene definita una narrazione del gioco a cui sono collegate una serie di prove. Ciascuna prova definisce un punteggio differente e la somma dei punteggi definisce la classifica finale.

Questa modalità è molto adatta a gestire molti giocatori contemporaneamente, perché rimanda a loro la scelta di quale prova superare prima, ma impone un sistema di narrazione non lineare della storia generale del gioco, proprio perché le azioni di gioco non sono consequenziali. U'game ha gestito in questo modo:

- Artigiani alla riscossa
- Street Food
- Eureka 2016
- Eureka 2017
- Eureka 2018
- Eureka 2019
- PartecipAttivi - Cultura in Cantiere
- PartecipAttivi - Mobilità AgroDolce
- PartecipAttivi - La torre di Babele
- La torre di Babele per Sabir

Per quanto riguarda le singole prove si possono definire tre sistemi di punteggio, ovvero:

- i punteggi aperti
- i punteggi chiusi
- i punteggi con range

Ciascun punteggio risponde a necessità differenti. I punteggi aperti sono quei sistemi in cui non viene definito a priori un valore al punteggio, appartengono a questa categoria sfide come il lanciare più lontano possibile un oggetto o mangiare quanto più possibile in un determinato tempo, etc. Si tratta in genere di prove utili a definire delle differenze nel punteggio finale. Chiaramente in sede di progettazione è possibile definire una previsione dell'ordine di grandezza di queste prove in modo da non renderle troppo influenti rispetto al sistema generale delle prove.

Le prove a punteggio chiuso rappresentano quelle prove il cui superamento dà un punteggio predeterminato. Queste prove hanno un chiaro senso per il processo narrativo del gioco, perché è facile attribuire valori elevati al superamento di specifiche parti del gioco, che hanno un particolare senso narrativo, suggerendo in questo modo ai giocatori di sforzarsi di superare quelle determinate prove.

I punteggi con range sono una specifica dei punteggi aperti. Sostanzialmente si tratta di attribuire delle soglie ai punteggi aperti esprimibili da una prova. Questa tipologia di punteggio serve a controllare maggiormente gli esiti e l'impatto sul punteggio generale di prove a punteggio aperto.

Il rapporto tra i punteggi delle singole prove ne definiscono il peso, ovvero il valore che si attribuisce al superamento. Questo peso bilancia due aspetti: la necessità di narrazione del gioco e la difficoltà intrinseca delle singole prove. Così anche giochi semplici possono assicurare punteggi elevati se hanno un'importanza fondamentale nello sviluppo del tema di gioco.

I giochi ad enigmi concatenati

In questo caso si definisce una modalità lineare di gioco. Questa modalità offre numerosi vantaggi per quel che riguarda il rapporto tra gioco e narrazione. Il principale vantaggio riguarda la possibilità di definire un flusso di gioco che coinvolga il giocatore, proponendogli un'esperienza che diventa via via più complessa. Il secondo vantaggio attiene proprio alla narrazione che può essere molto più integrata nel gioco proponendo, ad esempio, una serie di scene di una storia che sono altrettanti momenti di gioco. Il principale limite di questo tipo di giochi è la possibilità di gestire elevati numeri di giocatori che partecipano contemporaneamente. Il motivo è ovviamente che, dovendo interagire allo stesso momento negli stessi luoghi viene a generarsi un sovraffollamento e una cooperazione forzata tra i giocatori. Per questo motivo U'Game ha scelto questa modalità di gioco per i suoi giochi auto-condotti. Si tratta di giochi che possono essere gestiti in qualsiasi momento dai giocatori in piena autonomia. Ai giocatori viene fornita soltanto la chiave di accesso al gioco che può essere una semplice cartolina, un pieghevole o una mappa. Questo feticcio serve anche come supporto alle attività di gioco che si svolgono tra la realtà dei luoghi, la narrazione e le azioni dei giocatori.

I giochi che U'Game ha prodotto utilizzando questa meccanica di gioco sono stati:

"Delitto alla Marina", le differenti Avventure all'interno dei musei, il gioco "Le vie del capo", "missing person". Alcuni di questi giochi sono stati utilizzati all'interno di giochi urbani più articolati e complessi e in quel caso il punteggio, che si attribuiva al superamento della prova era prefissato, definendo un sistema che si avvicina alle domande con punteggio chiuso delle quali si è parlato in precedenza. In altri casi come nelle Vie del Capo il gioco è una sfida con sé stessi in cui il premio consiste nella rivelazione finale. In altri casi ancora, come in Delitto alla Marina, la metrica proposta si basava sul tempo di risoluzione. In questi casi è necessario tenere traccia del tempo di inizio e di fine dell'esperienza di gioco di ciascun giocatore. Questa modalità di gioco si avvicina molto a quella delle rush che sono delle vere e proprie corse a tempo. Tuttavia la modalità di fruizione delle rush non è continuativa nel tempo. La differenza è che le rush sono strutturate in modo tale da consentire ai partecipanti di giocare nello stesso momento senza sovrapporsi nella gestione delle prove. I giochi costruiti in questo modo sono stati finora:

- I predatori dell'acqua perduta
- Magione WE.

In entrambe i casi è stata definita una modalità di gioco che ha dilazionato le partenze attraverso una prova comune e ha gestito gli accessi alle differenti prove con un sistema di rotazione in cui le diverse stazioni di gioco erano il punto di partenza per le diverse squadre.

I tempi di gioco

Una delle domande fondamentali è quanto debba durare un gioco. Un vecchio adagio recita che il gioco è bello quando dura poco ed effettivamente è buona regola tendere a giochi più brevi possibile. Molto meglio finire un gioco essendo ancora affamati di sensazioni che finirlo essendo annoiati e satolli. I giochi prodotti da U'Game hanno una durata assai variabile e vanno da mezz'ora fino a svariati giorni.

La durata del gioco è uno degli aspetti più importanti del progetto stesso dell'esperienza di gioco. Chiaramente la durata può essere influenzata da molti fattori assai diversi che riguardano:

- Le location
- I giocatori
- La committenza
- Lo storytelling
- La modalità di gioco

Inoltre è sempre necessario verificare che la durata dei giochi sia adeguata rispetto alla difficoltà proposta.

Il tempo di gioco è un aspetto dinamico nella progettazione dei giochi. Nel senso che qualsiasi modifica si faccia ad un gioco ne influenzerà il tempo, tanto che il tempo di gioco è uno delle metriche più immediatamente utilizzabili nella gestione delle classifiche. La verifica dei tempi di gioco è un elemento essenziale dei playtest. In questa fase infatti si dovrà valutare se il gioco sia possibile.

In relazione al tempo di gioco esiste anche un protocollo che all'interno di U'Game chiamiamo Kobayashi Maru in omaggio a Star Trek. Nella mitologia del noto franchise fantascientifico la Kobayashi Maru è una missione di addestramento per le reclute che è impossibile da superare, serve a far accettare la sconfitta. Chiaramente l'unico che riesce a sovvertire gli esiti di questo crudele addestramento è il comandante James T. Kirk.

Nel caso di U'Game si tratta di giochi che non possono essere finiti nel tempo che viene assegnato. Tuttavia questo protocollo genera invariabilmente un senso di frustrazione nei giocatori e, di conseguenza, il suo uso va centellinato.

Le modalità di distribuzione

Un aspetto estremamente importante da tenere in conto nella progettazione di un gioco è la sua modalità di distribuzione, ovvero in che modo il gioco si interfacci con i giocatori. Può sembrare un aspetto marginale ma non lo è. La modalità di distribuzione è strettamente legata al committente dell'esperienza di gioco. Chiaramente se si desidera avere un forte impatto in un tempo definito ci si rivolgerà ad un gioco in forma di evento, mentre se si vuole avere un impatto più duraturo è chiaro che si tenderà a produrre un gioco autocondotto che sia sempre pronto ad essere giocato.

Le due esperienze possono essere molto differenti per i giocatori, perché nel caso della produzione di un gioco in forma di evento ci si può permettere di stanziare parte del budget per alcune teatralizzazioni mentre nel caso di giochi autocondotti ciò è impossibile ed eventuali teatralizzazioni vanno affidate a forme narrative distribuibili direttamente ai giocatori. Ovvero a:

- Contenuti testuali
- Contenuti audio
- Contenuti video (in movimento e statici)

Anche in questo caso la scelta dei contenuti più appropriati dipende dalla mediazione tra i costi di produzione e le necessità di narrazione. Ogni media richiede uno sforzo differente da parte dei partecipanti: leggere è diverso da ascoltare.

Possono anche esistere giochi che sono costruiti come giochi autocondotti ma che vengono lanciati attraverso un evento per poi restare a disposizione dei giocatori.

In questi casi è opportuno prevedere che l'esperienza di gioco durante l'evento possa essere modulare, ovvero che ci siano delle parti del gioco attivabili durante l'evento ma che non siano necessarie per completare l'esperienza di gioco autocondotta.

Come strategia generale U'Game tende sempre a sviluppare delle avventure (giochi autocondotti) che siano inseriti all'interno di eventi più grandi e strutturati in modo da avere dati di gradimento su quel particolare gioco e da utilizzare l'evento come fase di testing anche per le avventure.

In questo modo le modalità di distribuzione possono essere:

- evento
- gioco autocondotto (disponibile sempre)
- gioco autocondotto (disponibile in occasioni e periodi particolari)

Gli strumenti fisici (fogli, pieghevoli, libretti, adesivi con qr code, etc.) e digitali (pagine html, app, etc.) che vengono individuati come substrato per veicolare l'esperienza di gioco assumono una particolare importanza rispetto alle modalità di distribuzione del gioco stesso.

Generalmente i giochi di U'Game hanno sempre almeno un elemento fisico che tiene insieme le componenti del racconto. Può essere un pieghevole, una mappa, un libretto, un taccuino, una cartolina. Questa è una scelta precisa, perché enfatizza la metafora che c'è dietro i giochi urbani. In questi giochi, infatti, avviene un'interazione mediata dall'azione dei giocatori tra lo spazio fisico e lo spazio sociale della città.

Lo spazio fisico e quello sociale sono hardware che esistono nella città a prescindere dai giocatori, mentre il gioco è un software o, se lo si vuole definire in un altro modo un virus, che porta un uso inconsueto dello spazio urbano in uno spazio e un tempo determinato.

Per fare qualche esempio di rapporto tra feticci materiali di gioco e modalità di distribuzione si può sintetizzare che: è piuttosto difficile far superare agli utenti il valore semantico degli oggetti. Qualche anno fa U'Game ha prodotto una serie di giochi, che erano accessibili tramite delle cartoline. La volontà era quella di utilizzare le cartoline per vendere l'esperienza che poi sarebbe stata digitale. Tuttavia è molto gratificante per gli utenti avere un feticcio fisico delle loro avventure. In un recente gioco sul cibo da strada U'Game ha prodotto per i suoi giocatori un piccolo album di figurine con le figurine dei giocatori all'opera. In questo caso il feticcio (l'oggetto) ha la funzione di essere un ricordo fisico dell'avventura vissuta.

Prima del Play-Test, la drammaturgia del gioco

Prima di arrivare alla fase di playtest, che sancisce l'ultima fase di definizione di un gioco può essere utile sottoporre il gioco ad una sorta di esercizio di stile in grado di anticipare alcune questioni che possono emergere durante il playtest vero e proprio. La prima fase di questo esercizio consiste nel definire una drammaturgia del gioco.

Le fasi di questa drammaturgia saranno almeno quattro:

1. Avvio del gioco
2. Svolgimento delle prove
3. Chiusura del gioco
4. Premiazione

Ciascuna di queste fasi dovrà essere specificata in singole attività di cui sarà definita anche la tempistica. Il compito successivo sarà quello di immaginare il ruolo dei differenti protagonisti del gioco. In questo modo si dovranno immaginare il ruolo del conduttore dello staff, del punto informazioni, dei vidimatori, dei capisquadra. Questa drammaturgia servirà come traccia per valutare quanto il game design si allontanerà dall'esperienza di gioco sperimentata nei playtest.

L'esercizio di proporre una scaletta generale del gioco è molto utile perché fornisce un canovaccio di ciò che accadrà.

Press play on tape: iniziamo a giocare

L'inizio dei giochi è una fase cruciale perché introduce i giocatori nel cerchio magico del gioco. Lo scopo principale è rendere palesi lo scopo del gioco, le metafore sottese al gioco e di stimolare il sano agonismo tra i giocatori. In questa fase, all'interno dei giochi urbani, può essere molto utile coinvolgere i giocatori o le squadre in prima persona attraverso piccoli giochi e presentazioni delle squadre. Questa fase serve anche ad illustrare lo spirito del gioco e le regole di ogni prova.

Il primo problema da affrontare riguarda l'adunata dei giocatori. Si deve scegliere uno spazio abbastanza grande da poter ospitare tutta la platea dei giocatori e si deve prevedere un'attrezzatura sufficiente a supportare questa fase in termini di amplificazione, palco e tutto quello che può servire. In caso non sia disponibile uno spazio adeguato si può rendere parziale la presenza dei giocatori invitando a questa fase soltanto i capisquadra. La consegna delle regole di gioco può essere anche fatta precedentemente all'adunata in modo da snellire le fasi di avvio del gioco. Questa modalità inoltre può generare un confronto diretto su particolari criticità rilevate dai giocatori stessi. La spiegazione delle prove di gioco deve consentire ai giocatori di comprendere lo spirito del gioco, non deve essere troppo approfondita per non fare annoiare i giocatori deve spiegare se si tratta di un gioco a punti, di un gioco a tempo, in che modo vengono valutate le prove, quali sono le criticità, deve affrontare la questione dei turni di gioco, deve raccontare il materiale di gioco consegnato ai giocatori, deve affrontare le questioni relative alla divisa di gioco o al dresscode là dove previsto. La fase di avvio del gioco si chiude con la partenza del gioco. Si tratta di una fase molto breve che ha però una funzione importantissima, quella di attivare e potenziare la funzione agonistica del gioco. Da quel momento in poi, infatti il gioco sarà attivo e varranno le sue regole. Per rendere più sacrale questa fase può essere utile l'uso di un countdown.

Lo svolgimento delle prove è la fase più corposa del gioco. Ciascuna delle prove di gioco deve essere sintetizzata in una scheda che definisca:

-Titolo

-Durata stimata

-Esigenze di produzione (location, allestimento, costo materiali)

-Personale coinvolto (vidimatori - animatori)

-Giocatori coinvolti (ruoli)

Una volta compilata la scheda per ciascuna attività si deve immaginare di interpretare i differenti ruoli coinvolti in modo da prevenire eventuali problemi già prima del playtest.

Di seguito è proposta una scheda tipo e sono fatti alcuni esempi di prove.

Titolo			
Durata			
Regole			
Tipologia			
Rapporto con il gioco generale			
esigenze di produzione	location:	allestimento:	costo materiali:
personale coinvolto	vidimatori:	animatori:	altro:
giocatori coinvolti	quantità:	ruoli e note:	

Titolo	Bowling @ school		
Durata	5 minuti		
Regole	6 birilli disposti a forma piramidale e una palla di carta. Due squadre si sfidano a chi riesce a far cadere più birilli. Ogni squadra ha 3 tiri a disposizione		
Tipologia	Competitiva		
Rapporto con il gioco generale	La squadra che vince la prova ottiene 2 indizi, quella che perde resta e sfida la prossima squadra. Se una squadra perde 3 partite consecutive ottiene comunque i 2 indizi messi in palio. Terminati il lancio il ragazzo che ha tirato la palla deve risistemare i birilli il più velocemente possibile sui segni prestabiliti.		
esigenze di produzione	location: aula abbastanza ampia per definire 2 piste e per ospitare un po' di pubblico che non gioca ma fa il tifo.	allestimento: palla, 12 birilli, schede per segnare i punteggi, scotch per determinare gli spazi, eventuali barriere fisiche per tenere separati i non giocatori dai giocatori.	costo materiali: 10 €
personale coinvolto	vidimatori: 1 vidimatore	animatori:	altro:
giocatori coinvolti	quantità: 3 giocatori + fino a 3 spettatori per squadra.	ruoli e note: I 3 giocatori sono quelli che fanno i tiri. I tre spettatori fanno il tifo.	

U'Game @ school

Carissima e/o Carissimo, ormai dovrai sopportare questi incipit per poco! Qui si parla dell'importanza del gioco come strumento educativo ma bada bene l'idea che mi son o fatto non è quella di usare i giochi come mezzo per infilare subldolamente informazioni dentro cervelli altrui. Si tratta di una cosa molto più sensata, di fornire a ragazze e a ragazzi le coordinate per costruire giochi.

Se consideriamo fino il fondo il ruolo i giochi come dei media non c'è dubbio che siano in grado di essere degli utili elementi per trasportare informazioni. Tuttavia mentre altri media propongono una interlocuzione specifica, in cui le informazioni che passano sono precise, i giochi devono lasciare ampi margini di completamento e interazione ai giocatori. In alcune situazioni limite i giochi possono essere direttamente creati dai giocatori stessi, come accade per le campagne dei giochi di ruolo o come è avvenuto nell'evoluzione da "Landlord's game" a "Monopoly". I giochi possono essere visti come enzimi in grado di sviluppare e far interagire competenze, mentre non sempre sono il miglior veicolo per far passare nozioni da un emittente a un ricevente. Per questo molti cosiddetti giochi istruttivi sono dei dispositivi istruttivi gamificati più che dei veri e propri giochi. Anche la scuola, come abbiamo già visto, è un dispositivo educativo complesso e gamificato. Chiaramente qui si fa una generalizzazione enorme, non c'è dubbio che esistano giochi più "chiusi" e giochi più "aperti", ovvero giochi che propongono un set di informazioni più o meno specifico. Le escape room e gli escape deck sono giochi estremamente chiusi, che hanno una longevità paragonabile a quella dei libri. Ovvero a meno di casi speciali sarà molto difficile che si abbia la voglia di ripetere una stessa escape room. Al contempo, invece i giochi sportivi e i giochi di società stabiliscono una serie di regole entro le quali mostrare e mettere assieme le competenze dei giocatori, siano esse fisiche o intellettuali. Nel tempo U'Game, oltre a produrre giochi, ha anche condotto molti laboratori educativi sul gioco. Lo scopo di questi laboratori non era quella di proporre giochi più o meno istruttivi ma percorsi in grado di rendere palesi i contenuti e i meccanismi dei giochi per arrivare a produrne di nuovi. Il gioco di far giocare, infatti, mette in campo una quantità di risorse e competenze estremamente vario ed articolato che riesce, in un ambito educativo, a dare senso alle nozioni che sono state acquisite ai più diversi livelli, dalla scuola elementare all'università.

Fermo restando quanto appena affermato, i giochi sono comunque e sempre un media che ha un senso metaforico e in cui le azioni che si propongono al completamento dei giocatori provano a ricomporre dei discorsi attorno a dei temi. Chiaramente ciascun giocatore genera un proprio percorso di gioco e di conseguenza un proprio discorso.

Quando U'Game ha esordito nel dicembre 2015 con il primo gioco urbano "Artigiani alla riscossa" si è interrogato su quali fossero i genius loci in grado di esprimere l'artigianato nella città di Palermo. Il gioco nasceva come punto di arrivo di un progetto, Cre.Zi. Food Kit, con lo scopo di promuovere gli artigiani di Palermo attraverso delle strategie di storytelling. Il gioco ha messo insieme le informazioni raccolte nel corso del progetto in una cornice di senso sottoposta ai giocatori. Alla definizione del genius loci è seguita un'analisi di quali potessero essere i confini e i margini entro cui muoversi, quali percorsi venivano espressi e quali fossero i luoghi identitari dell'artigianato e degli artigiani. Alcuni giochi sono stati disegnati proprio per intercettare lo spirito del luogo, abbracciando la casualità dell'interazione come un elemento fondante dell'esperienza. In particolare la prova dell'ostaggio proponeva di riconsegnare all'artigiano, che lo aveva prodotto, un oggetto che era affidato ai giocatori nella busta di gioco. In questo modo si era costretti ad interagire con vari artigiani, con le persone del luogo per chiedere informazioni, esplorando parti della città sconosciute, perseguendo un obiettivo tuttavia guidati dal caso. Altre prove spingevano i partecipanti a ritrovare elementi specifici in città. In quest'ultimo caso l'interazione avveniva più con le pietre che con le persone. Mentre altre ancora, li spingevano ad una interazione diretta con gli abitanti, con l'intenzione di veicolare i contenuti del gioco anche al di fuori della cerchia dei partecipanti.

Il secondo gioco prodotto da U'Game ha esplorato una tematica molto più popolare, quella dello streetfood. Anche in questo caso una delle sfide più interessanti è stata il rapporto tra il tema e i luoghi della città. Il cibo è un contenuto universale. Appartiene all'esperienza di tutti. Ciò che si mangia, come lo si mangia, i tempi in cui ci si alimenta, i luoghi deputati alla produzione e al consumo tratteggiano aspetti importanti della cultura di un luogo. Questi elementi sono stati la base sulla quale il gioco è stato definito.

Tuttavia il gioco che ha reso palese il rapporto tra luogo e tema di gioco è stato "I Predatori dell'Acqua Perduta". Questo gioco era organizzato per l'Ecomuseo Urbano Mare Memoria Viva di Palermo e si svolgeva in 7 tappe lungo la linea di costa della città. Il superamento di ciascuna delle 7 prove dava l'opportunità alla squadra di raccogliere in una bottiglietta l'acqua di quello specifico tratto di costa. Al termine del gioco, ogni squadra avrebbe riportato l'acqua dei diversi mari di Palermo all'ecomuseo. In questo modo si perseguivano due finalità convergenti. Si forzava i giocatori a raggiungere e a toccare il mare di Palermo – il rapporto tra Palermo e il suo mare è un tema molto controverso – mentre si affermava il ruolo dell'ecomuseo del mare come punto di raccordo e di diffusione delle storie legate al mare della città.

Nel tempo, alla produzione di giochi in forma di evento, U'Game ha affiancato giochi non episodici, che non avessero bisogno di un'animazione. Questi giochi si chiamano avventure e sono condotti in autonomia dai giocatori. Si riduce l'elemento agonistico che, invece, pervade i giochi in forma di evento, a vantaggio di una fruizione intima in cui assume maggiore importanza la narrazione e la capacità del gioco di porre il giocatore in una cornice in cui interpreta un ruolo. In questo senso sono stati sviluppati differenti giochi che ruotano di volta in volta attorno a luoghi e temi specifici.

"Le vie del Capo" è una mappa, che propone 10 enigmi che concorrono allo svelamento della storia di un importante abitante del mercato. Il gioco è una chiave di accesso alla conoscenza del mercato tanto per ciò che riguarda gli aspetti antropologici e sociali che per ciò che attiene quelli architettonici e urbanistici. Ogni enigma utilizza un pezzo di realtà per immetterlo in una cornice di senso differente attraverso lo strumento del gioco. Oltre a Le vie del Capo U'Game sta sviluppando 5 giochi differenti sulla figura di Santa Rosalia, la patrona di Palermo che portano all'esplorazione di altrettanti ambiti legati alla Santa, di un gioco-indagine che si svolge all'Orto Botanico di Palermo e di una mappa gioco della città di Palermo, che si propone come una sorta di guida turistica ludica.

"La Torre di Babele" è un gioco che ha lo scopo di mettere in relazione cittadini temporanei e stanziali, migranti e locals. Il gioco opera un ribaltamento di senso, costringendo i partecipanti a chiedere la collaborazione dei cittadini stranieri per aiutarli a svelare uno degli elementi identificativi della cultura locale.

Il gioco è strutturato per poter essere giocato anche da più di 1.000 persone in contemporanea.

La prima fase dello sviluppo del gioco riguarda la scelta di una canzone. I suoi versi vengono affidati ad un gruppo di cittadini stranieri che traduce e declama i versi nella propria lingua di appartenenza. Si produce un miniclip per ciascuna delle traduzioni proposte dai complici stranieri del gioco.

Le miniclip sono distribuite ai giocatori che, grazie all'aiuto di cittadini stranieri residenti in città, devono risalire al significato dei versi, individuare la lingua e fare delle ulteriori miniclip con le traduzioni.

Vincerà chi riuscirà ad individuare più lingue e a coinvolgere più stranieri. Nel caso in cui la squadra che gioca dovesse riuscire a ritrovare proprio i complici del gioco otterrà dei punti bonus. Il gioco può prevedere anche delle intersezioni con luoghi specifici della città, che hanno a cuore le tematiche interetniche o che sono espressione di particolari gruppi di cittadini stranieri.

"Generazione N'tierra" è un gioco che prova a interagire con il concetto di antropocene. Nel 2000 un chimico olandese, Paul Crutzen si rese conto che l'agire dell'uomo negli ultimi 200 anni aveva avuto un tale impatto sull'ambiente da configurarsi come una vera e propria era geologica. Il problema di fondo, che rappresenta anche quanto sia pervicace l'azione umana, è che le ere geologiche si configurano in migliaia di anni. Tecnicamente al momento attuale saremmo nell'Olocene, che è iniziato 11 mila anni fa. Tuttavia secondo alcuni geologi e studiosi di stratigrafia saremmo passati ad una nuova strana fase geologica che viene definita Antropocene.

Il gioco propone un'investigazione sull'antropocene. Si diventa archeologi e investigatori della contemporaneità. La trama di questa investigazione è piuttosto semplice: il mondo è finito e si deve ricostruire come funzionava la vita prima che finisse. Si deve fare un'operazione simile a quella che si fa a Pompei quando si ricostruiscono gli ultimi momenti di esistenza della città.

I giocatori sono chiamati a raccogliere in una passeggiata 6 reperti che trovano per strada. Si tratta generalmente di rifiuti ma possono anche essere elementi naturali. Una volta scelti i 6 reperti, catalogati e raccolti si immagina una storia in grado di legare gli oggetti. Una sequenza può collegare un tappo di champagne, un gratta e vinci, un pezzo di lego, una tazzina di caffè, una carta da gioco e un volantino promozionale di un supermercato. Il gioco si chiude con la narrazione delle diverse storie. Chiaramente il gioco è un pretesto per ragionare su ciò che si incontra in città ma anche e soprattutto sul senso che hanno avuto i rifiuti prima di essere gettati. Generazione N'tierra è il contraltare qualitativo alle grandi raccolte di rifiuti che ciclicamente si propongono a ragazzi e cittadini con campagne come: Puliamo le spiagge.

In "Poema Urbano" i partecipanti sono chiamati a ritrovare alcune scritte particolarmente significative, che fanno parte del paesaggio urbano della città in cui è organizzato il gioco.

Le città sono un poema. Alcune cose di questo poema sono palesi altre no. Le scritte sui muri delle città, le epigrafi, le lapidi, i murales sono gli ingredienti palesi della poetica di una città. Sono l'espressione di amori, di perdite, di rivendicazioni, di lotte. Sono la memoria dell'espressione di una città.

La struttura del gioco è piuttosto semplice. C'è una mappa nella quale sono indicati dei luoghi. In questi luoghi i giocatori trovano dei brandelli di frasi. La prima sfida è ricomporre i brandelli in frasi di senso compiuto. Fatto ciò i giocatori proveranno a ritrovare le frasi sui muri della città. Sostanzialmente viene proposta ai giocatori un'esperienza simile a quella che porta alla produzione del gioco.

In Poema Urbano si riflette sulla cultura che sta sui muri di una città. Si trovano scritte che raccontano storie, scritte che ricordano avvenimenti storici, moniti, sentimenti. Insomma Poema Urbano è un format, che fa emergere la splendida contraddizione culturale delle città, in cui il potere alto, quello del governo, dialoga con le azioni dei cittadini. I muri sono una tela sulla quale viene composto il poema urbano che definisce ogni città.

La disseminazione degli indizi nei negozi può essere considerata come un'azione di *direct marketing* perché "costringe" i giocatori a recarsi in posti prestabiliti che interessa promuovere al di fuori della logica stringente del gioco. In alcuni casi la ricerca dei luoghi può essere essa stessa parte del gioco, utilizzando lo strumento del photo-contest, che può coinvolgere singoli cittadini, studenti di vario ordine e grado, attivisti e chiunque abbia senso coinvolgere.

Il gioco ha lo scopo di dare valore a luoghi della città spesso posti ai margini e offre la possibilità di riflettere sul senso e sulla poetica della città in cui si svolge.

Urban Rush esplora una delle caratteristiche, che sono state sviluppate appositamente per l'app di U'Game che gestisce i giochi urbani. All'interno dell'app è stata sviluppata una particolare tipologia di domanda che si basa su una bussola. La bussola individua semplicemente la direzione e la distanza della meta da raggiungere. Quando si raggiunge una distanza prestabilita viene attivato un ulteriore contenuto. Urban Rush è un gioco ad accessi, ovvero invita i giocatori a raggiungere luoghi specifici della città. Il primo sviluppo che ha avuto questo format ha riguardato l'esplorazione dei luoghi legati al cibo da strada di Palermo. Nel gioco elaborato si affrontano 8 prove che conducono i giocatori a scoprire altrettanti luoghi. Ciascuna delle prove si apre con una storia o un aneddoto legato al cibo da strada protagonista. Raggiungendo i luoghi, i giocatori scoprono altri dettagli della storia e soprattutto perché quel luogo abbia senso rispetto a quel cibo, proponendo anche una prova performativa ai giocatori. L'espediente della bussola è un invito alla *flanerie*, ovvero a quella pratica teorizzata da Walter Benjamin in cui ci si perde nella città, seguendo dei percorsi definiti dal caso. E privi di una razionalità precostituita.

Una delle cose più interessanti che si può fare, utilizzando le pratiche del game design, è indirizzare le traiettorie dei giocatori verso degli elementi specifici. Ad esempio, per indagare le aspettative di ragazze e ragazzi sulla soglia del passaggio dalle medie alle superiori, è stata prodotta un'esperienza ludica con lo scopo di esplorare aspettative e timori rispetto a questo importante momento. In questo caso le domande dirette rischiano di avere un effetto controproducente. Per questo abbiamo elaborato "gioco di comunicazione intergalattica".

Nel gioco si chiede di aiutare degli alieni che stanno per visitare il nostro pianeta a comprendere come sarà la terra tra 5 anni. Ecco il testo del gioco:

"Salve noi siamo gli SMERF.

Abitiamo il morente pianeta SMERF 15. Purtroppo, come appena detto, il nostro sole ha smesso di funzionare e dobbiamo abbandonare il nostro amato pianeta.

Siamo pacifici e in fondo timidi e vorremmo venire sul vostro pianeta. Abbiamo qualche dubbio, però. Il viaggio dal nostro pianeta al vostro è piuttosto lungo. Arriveremo tra 5 anni, come sarà il vostro pianeta?

Lo chiediamo a voi, perché voi siete il futuro.

Il vostro compito oggi è aiutare noi SMERF a capire come sarà la Terra tra 5 anni. Dovrete raccontare 2 futuri. Uno in cui è andato tutto bene e uno in cui è andato tutto male.

Ci fidiamo di Voi!

Inoltre non siamo sicurissimi di riuscire a comprendere bene ciò che scriverete. Per questo vi chiediamo di utilizzare alcune parole SMERF nel testo e anche di fare 2 disegni in cui voi sarete dentro ciascuno dei due scenari futuri, quello bello e quello brutto!

In questo modo si usa sostanzialmente la Mimicry per invitare i partecipanti ad immaginare un futuro possibile per la terra in uno scenario idilliaco e in uno apocalittico. Per accrescere la specificità del laboratorio ludico si chiede ai ragazzi di utilizzare una serie di parole nella lingua degli alieni. Nella realtà le parole sono tradotte in differenti lingue terrestri, offrendo una possibilità di riflessione ulteriore attorno al gioco. Ma l'aspetto importante è che si propone ai partecipanti di riflettere su alcuni aspetti della loro previsione di futuro introducendo paletti e limitazioni, rendendo il gioco più interessante ma soprattutto più orientabile su una serie di temi precostituite. Ecco le parole che compongono il kit:

Gli alieni = SMERF

Salve = Cyfarchion

Buongiorno = Goedei

Paura = Bailles

Bellezza = Frumuseţe

Grazie = Ačiū

Futuro = Fremtid

Distruzione = Havitamine

Concordia = Suglasnost

Natura = Priroda

Soldi = Imali

Bello = Knap

Brutto = Ruzan

Sporco = Prljava

Pulito = Ma'ema'e

Natura = Priroda

A presto = Wkrótce

Lavoro = Praca

Tempo libero = Czas wolny

Scuola = Okul

Amicizia = Dostluk

Famiglia = Keluarga

U'Game ha sviluppato più di 70 giochi urbani e ha coinvolto più di 15.000 giocatori. Come negli esempi esposti si tratta di interazioni che portano i giocatori a confrontarsi con le pietre e con le persone che fanno una città. In questi giochi si propone alle persone coinvolte un'interpretazione inconsueta della città. Questa interazione è facilitata dal flusso d'informazioni consentito dalle attuali tecnologie. Ciò apre uno scenario ulteriore che riguarda il rapporto tra mondo digitale e mondo fisico oppure per dirla con Baricco (2018), tra mondo e oltremondo.

Un gioco al cimitero: R-Tales

Tra le molte cose interessanti successe ad U'Game, quella di pensare un gioco per un cimitero è una delle più particolari. All'interno di un progetto più ampio che si chiama "Cimitero Dal Vivo", promosso da Panda Project, U'Game si è trovata a lavorare ad un gioco sul cimitero di Ravenna, insieme a "Spazi Indecisi", "UniBo" e "Sguardi in Camera", oltre che ai già citati "PandaProject".

I cimiteri sono dei luoghi molto particolari, perché raccolgono le memorie e le spoglie fisiche delle persone che hanno fatto le città. In questo senso sono un'espressione della magia urbana, che si concreta in un dialogo tra il potere di chi è chiamato a prendere le decisioni e l'agire di chi vive. Nella definizione del target dei giocatori si è pensato soprattutto ai ragazzi e le ragazze delle scuole medie e dei primi anni delle superiori. Ciò significa che il gioco è stato pensato per riuscire a gestire una pressione contemporanea di circa 20-30 giocatori.

Il gioco è strutturato attraverso una esplorazione fisica degli spazi del cimitero, ovvero i giocatori sono chiamati a ritrovare e interagire con 11 tombe o monumenti funerari. Per gestire la possibile pressione dei giocatori è stata scelta una struttura di gioco in cui ci sono 4 missioni tematiche che sono affrontabili nell'ordine che si preferisce. Questa scelta, chiaramente, rende un po' difficile l'applicazione della cosiddetta "teoria del flusso" di Csíkszentmihály, perché il flusso di difficoltà crescente deve esaurirsi all'interno dell'arco narrativo di ciascuna delle 4 missioni che hanno, quindi, un livello di difficoltà paragonabile. Tuttavia all'interno di una durata di gioco complessiva di circa 2 ore, questo aspetto è ampiamente tollerabile da parte dei giocatori. Inoltre tutto il gioco ha degli intenti narrativi, che riescono a supplire attraverso la *mimicry* alle difficoltà che potrebbero scaturire da un affievolimento dell'*agon* a causa della mancanza di una più opportuna strutturazione in una scala crescente di difficoltà. Le 4 missioni riguardano:

- Rivoluzioni ed esplorazioni con l'avventura della trafila di Garibaldi e le spericolate gesta di Romolo Gessi.
- Il mistero delle ossa, che racconta la travagliata vicenda del ritrovamento delle ossa di Dante e del loro nascondimento.
- Il litigio che narra del contrasto tra il più importante direttore d'orchestra del tempo e Giuseppe Verdi per l'amore di un soprano.
- La I soprintendenza, che esplorail primato dei Ravenna che ha dato vita alla prima soprintendenza ai beni culturali in Italia.

Il pretesto narrativo è quello di aiutare un'anima ospitata al cimitero a ritrovare la propria memoria. Per farlo ci si fa aiutare dalle parole e dal pensiero di una serie di anime ospitate nel cimitero. Questo pretesto narrativo serve proprio a far riflettere i giocatori sulla natura dei cimiteri come luoghi in grado di incarnare l'essenza della città. Le anime che si incontrano nel gioco non hanno un aspetto né un tono di voce minaccioso: sono anime pacificate, che tengono a parlare con i vivi. Sono in generale guidate da una particolare curiosità e sono dispostissime ad aiutare i giocatori nella loro ricerca.

L'epilogo del gioco mette in luce un aspetto molto interessante che si è fatto strada proprio durante la produzione del gioco: la rappresentazione di genere. Ovvero la difficoltà a trovare protagoniste di storie identitarie e rappresentative della Ravenna dei primi del '900. Il messaggio del gioco è quello di mettere in evidenza proprio lo spreco di risorse che la storia ha fatto nel relegare le donne in un ruolo subalterno.

I giochi di REACT

Tra le molte attività cui U'Game ha avuto la fortuna di partecipare una è stata particolarmente importante, perché ha portato a sperimentare la forza del game design. Nel senso che le ragazze e i ragazzi coinvolti nei laboratori del progetto non avevano il compito di giocare o almeno non soltanto quello ma avevano anche e soprattutto il compito di costruire cornici di gioco entro le quali far giocare i loro coetanei.

Il progetto era scritto, era stato approvato, a quel punto Fondazione con i Bambini chiamò tutta la partnership a Roma. In parte volevano conoscerci, in parte volevano capire meglio che cosa stessero per finanziare. Ci sedemmo tutti in circolo e parlammo dei vari aspetti del progetto e di come si sarebbe configurata un'azione tanto complessa su 6 città diversissime, con 10 partner che non avevano mai lavorato tutti insieme e con 12 scuole altrettanto differenti. Io dovevo parlare di un aspetto un po' strano che stava dentro il progetto:

Una serie di laboratori per aiutare i ragazzi coinvolti nelle attività del centro ad immaginare, produrre e gestire dei giochi. Alla fine dell'esposizione i referenti della Fondazione, con uno sguardo un po' dubbioso, riferendosi proprio ai laboratori di costruzione dei giochi, hanno affermato qualcosa di simile a: "Beh certo sarebbe bello se ci riusciste!"

Il progetto adesso è finito e sappiamo che è stato bello riuscirci!

REACT ha l'ambizione di incidere su un momento molto difficile nel percorso di crescita di un adolescente, il passaggio dalla scuola media a quella superiore. Ciascuno dei centri territoriali del progetto ha consolidato da anni il rapporto con una o più scuole. Nella scrittura del progetto i laboratori di gioco promossi da CLAC e da U'Game avevano lo scopo di fornire una cornice in grado di accompagnare i ragazzi dalla scuola media alla superiore, ricentrando la loro attenzione dalla scuola al centro territoriale e poi alla città. La leva scelta per promuovere questo accompagnamento e questo spostamento di prospettiva dalla scuola al centro territoriale era il protagonismo dei ragazzi attraverso il gioco. Il punto principale non era fornire ai ragazzi un'esperienza ludica, cosa nella quale i centri territoriali sono abilissimi, ma costruirla insieme a loro.

La definizione di un gioco è un'attività che mette in campo molte qualità e competenze. La costruzione di un organismo complesso, fatto di regole e prassi definisce una cornice entro cui i ragazzi, che hanno prodotto i giochi, riescono a sentirsi insieme protagonisti e responsabili. Diventano parte attiva nel processo, non sono più soggetti ai quali viene somministrata una lezione ma sono gli elementi creativi nella costruzione di un ambito ludico. Inoltre questa creazione avviene in una cornice collaborativa.

Tutti i ragazzi concorrono alla definizione del gioco così come alla sua produzione e realizzazione. Questo aspetto è particolarmente importante proprio per la funzione di accompagnamento che REACT si è data, perché consolida un gruppo ulteriore rispetto a quello della classe, che ha la funzione di fornire un punto di riferimento differente ai ragazzi nel passaggio medie-superiori. Anche la strutturazione della scala dei giochi rispondeva a questa funzione. Il primo anno, con i ragazzi prevalentemente in seconda media, il gioco era ambientato nell'istituto scolastico. Il secondo anno l'attenzione si spostava sul centro territoriale, mentre il terzo sul quartiere-città. Si tratta di un percorso. Come in un romanzo di formazione i ragazzi passano dal luogo sicuro della scuola, a quello del centro territoriale, fino a diventare protagonisti del territorio. Se preferite potrebbero essere anche i tre livelli di un videogioco.

I giochi nei territori

A volte i progetti hanno dei risvolti terrorizzanti. Noi che, nel primo anno di progetto, abbiamo avviato e guidato la creazione dei giochi su 6 città e in 12 scuole abbiamo avuto la fortuna di essere terrorizzati da quanto siano diverse le scuole sul territorio italiano. Anche la grana del disagio è differente. Con

REACT abbiamo avuto il privilegio di vedere dentro la lente di una macchina di coesione territoriale come la scuola e abbiamo trovato un caleidoscopio di differenze. Il problema è che, molto più spesso di quanto si pensi, la scuola abdica al suo ruolo di agente di coesione territoriale, piegandosi e accettando le differenze come un destino ineluttabile. Gran parte delle ultime riforme della scuola vanno in questo senso, a partire dalla differenziazione dell'offerta formativa, tutto appare accettare la differenza, ma si potrebbe dire anche disparità, come un valore. La scuola dovrebbe lavorare nella disparità, tendendo verso l'utopia dell'uguaglianza. Per dirla in un'altro modo è terrorizzante che un ragazzo di scuola media abbia un'istruzione definita come differente perché abita in un posto anziché un altro o perché abita al di qua o al di là di una strada. In questo quadro un progetto ampio e variegato come REACT ha offerto l'opportunità di ristabilire un dialogo tra le diversità su un livello diverso rispetto a quello delle scuole. Da questo punto di vista REACT e i progetti educativi di respiro nazionale non sono solo una risposta alla povertà educativa ma sono una macchina di coesione sociale. I centri territoriali, luoghi di intervento delle organizzazioni coinvolte, hanno potuto confrontare problemi, prassi e condizioni. La costruzione di uno stesso prodotto, in questo caso i giochi, è l'ambito in cui questo confronto è più palese.

Appena iniziato il progetto siamo andati subito fuori strada. Eravamo curiosi di fare qualcosa anche al di fuori di quanto scritto nel progetto. Così insieme alle formazioni sul gioco, agli incontri con i ragazzi e alle visite ai centri territoriali, ci siamo sforzati di collezionare le testimonianze sui giochi fatti dai ragazzi. Una vera e propria esplorazione antropologica con numeri peraltro ragguardevoli. Questo espediente di ricerca è servito sia a definire il quadro ludico di riferimento dei ragazzi che ha dare un respiro nazionale agli interventi locali. Sono stati elaborati 110 miniclip, che sono stati ordinati secondo una logica geografica sul canale youtube di U'game in 6 playlist, una per ciascun territorio. Gli esiti in termini di presenza sul canale sono molto incoraggianti, perché sono state registrate più di 10.000 visualizzazioni di contenuti per un totale di poco più di 72 ore di visione complessiva. Le playlist contengono sia le interviste fatte ai ragazzi che i resoconti dei 12 giochi prodotti nel primo anno. In questo caso i video dei giochi all'interno delle scuole hanno ottenuto 2.349 accessi per un totale di 43 ore di visione complessiva.

In un quadro così eterogeneo abbiamo avuto la fortuna di lavorare con operatori territoriali bravi, disponibili e generosi, che hanno messo in campo ogni abilità e competenza per coinvolgere i ragazzi dei laboratori. Solo grazie al loro lavoro siamo riusciti a conseguire dei risultati ragguardevoli durante il primo anno di attività.

I numeri dei risultati del primo anno di progetto sono impressionanti. 189 ragazzi coinvolti nei laboratori di game design, ovvero che hanno elaborato le prove per i loro compagni di scuola; 269 prove o enigmi elaborati per animare le trame dei giochi. Chiaramente i ragazzi hanno lavorato in gruppo, ma i dati ci dicono che ogni ragazzo coinvolto ha elaborato in media quasi 2 prove di gioco. Inoltre sono stati 168 i ragazzi coinvolti nella conduzione dei giochi. Questo dato si riferisce ai ragazzi che hanno fatto giocare i loro compagni. Nel complesso il primo anno hanno giocato 2.106 ragazzi. Questo dato è particolarmente importante perché mette in evidenza la capacità dei giochi di moltiplicare il loro effetto educativo, che non resta soltanto un patrimonio degli educatori e dei ragazzi che hanno disegnato il gioco ma diventa un patrimonio anche dei giocatori, così come un romanzo non è solo di chi lo scrive ma anche di chi lo legge. Inoltre significa che in media ciascun ragazzo coinvolto nella gestione dei giochi è stato responsabile di circa 13 suoi coetanei durante il gioco stesso. Questo dato mostra la capacità dei giochi di accrescere il senso di fiducia nelle proprie capacità nei ragazzi coinvolti. 104 classi di 12 scuole hanno giocato. sono stati coinvolti 114 professori e sono state sviluppate 140 interviste ai professori.

La trama del gioco

Tutti i centri territoriali e le relative scuole di riferimento hanno sviluppato giochi differenti, accordandosi con le necessità dell'istituto, con le specificità dei professori coinvolti, con i bisogni educativi dei ragazzi e con le opportunità definite dagli spazi scolastici. Così sono stati prodotti giochi che si svolgevano prevalentemente in classe, giochi che portavano ad esplorare gli spazi scolastici, giochi che si svolgevano in parte all'aperto, insomma si sono intrecciati approcci e storie in un caleidoscopio di esperienze. Tuttavia il canovaccio dal quale tutte le produzioni sono partite era il medesimo: un gioco sull'identità dei professori. I ragazzi dei laboratori si sono, quindi, messi in campo per intervistare i loro professori e per trarre da queste informazioni una modalità di gioco che consentisse ai partecipanti di rivelarne le identità. Pur con mille varianti, che hanno spesso portato i professori a giocare insieme ai ragazzi, i giochi sono stati anche un grimaldello per rimodulare il rapporto tra professori e alunni. In molte esperienze i professori erano i finalizzatori dell'azione di gioco e diventavano i rappresentanti della classe nella sfida finale. In questi casi la classe si ritrovava a tifare per il proprio professore.

Pur con mille difficoltà, in parte dovute anche alle non ingenti risorse definite per l'azione dei responsabili dei laboratori nei centri territoriali, l'esperienza dei giochi del progetto REACT rappresenta un caso di successo i cui risultati più importanti rimarranno nei ragazzi coinvolti, che stanno accrescendo il loro grado di fiducia nel poter gestire e risolvere situazioni complesse cooperando. Inoltre, grazie al continuo e sapiente confronto con gli operatori locali, i giochi sono anche uno strumento per veicolare i valori del centro territoriale insieme alle abilità e competenze degli operatori. Ci sono giochi più teatrali, più corporei, più competitivi, etc. Il gioco è un'arena entro le quali valgono regole inconsuete. È un sistema per spingere le persone verso luoghi e pensieri inaspettati. In questo senso è un fenomeno esistenziale fondamentale ed è un fondamentale strumento di crescita.

Il Secondo anno: REACT vs COVID

Lo so, può sembrare un po' la storia di Davide contro Golia. Un piccolo progetto educativo che se la vede con una pandemia mondiale. Eppure per certi aspetti proprio successo questo. L'anno era cominciato bene o almeno come al solito. Si erano svolte le prime riunioni e le formazioni in giro per l'Italia erano andate più che bene.

La frattura determinata dal COVID e dal conseguente Lock Down ha generato una situazione in cui lo spazio urbano e sociale, quello in cui dovevano svolgersi i giochi semplicemente non esisteva più; era uno spazio negato. Questa condizione ci ha costretto a rimodulare l'approccio ai giochi, spostando le arene di gioco dalla realtà fisica della città alla simulazione virtuale, che avviene su Google Earth. In questo modo si è voluto anche preservare il rapporto con lo spazio urbano da parte dei ragazzi. Attraverso la costruzione dei giochi sulla piattaforma virtuale è stata data l'occasione ai ragazzi di rivedere gli spazi urbani, che gli appartengono, costruendo una piattaforma di confronto con gli altri territori. Chiaramente questa modifica non è stata a costo zero. Abbiamo dovuto acquisire nuove conoscenze, che riguardavano la gestione e la programmazione delle pagine di Google Earth, abbiamo dovuto imparare a pensare un gioco rispettando le limitazioni della piattaforma ma l'avvio di questa modalità di lavoro ha portato dei risultati eccezionali, ovvero la creazione di 10 esperienze di gioco rappresentative dei differenti territori.

Le 10 esperienze di gioco raccontano il vissuto dei ragazzi in relazione ad i loro territori e costituiscono un'occasione di coesione territoriale tra i diversi luoghi del progetto, perché si è liberi di scegliere di esplorare di volta in volta un diverso territorio. Inoltre la virtualità del simulatore geografico ha consentito di spaziare e di andare a visitare anche luoghi lontani.

Per raggiungere questo incredibile risultato i mesi di Marzo e Aprile 2020 sono stati dedicati alla ricerca di diverse piattaforme di simulazione geografica, alla sperimentazione diretta delle opportunità della piattaforma scelta con lo sviluppo del gioco "pratica 799", giocabile su www.ugame.it/giochi e alla definizione di tutti i materiali di formazione necessari ad avviare la produzione dei giochi insieme ai territori coinvolti. L'occasione generata dal COVID ha condotto il progetto in territori inesplorati, arricchendo gli esiti e i contenuti per i ragazzi coinvolti nei disegni dei giochi, per la promozione delle attività e delle realtà dei centri territoriali e per gli operatori che hanno ulteriormente arricchito la loro expertise. Ad oggi i giochi sono stati esplorati da più di mille persone e continuano ad essere a disposizione dei centri territoriali per future riflessioni e implementazioni.

Il Terzo anno: Ritorno al Futuro

Pensavamo di essere preparati. La pandemia imperversava e tutto era cambiato. Di conseguenza avevamo modificato i nostri programmi e avevamo rimodulato tutta la formazione per gli operatori sugli strumenti digitali per la gestione di giochi. Abbiamo approfondito piattaforme che gestiscono la realtà aumentata, piattaforme che gestiscono quiz, che generano veri è propri videogiochi e che aiutano a giocare i giochi urbani.

Un po' come per il primo anno avevamo proposto a tutti i centri territoriali un plot comune da cui partire. Si trattava di "Poema Urbano" un gioco laboratorio che parte con un'indagine sul territorio alla ricerca di scritte sui muri per proporre ai giocatori un'esperienza che li porti ad esplorare lo spazio urbano alla ricerca della poesia sui muri della città.

Questo stesso format, come era già accaduto il primo anno, è stato reinterpretato dai diversi centri territoriali. La prassi della produzione ha prodotto continui adattamenti inseguendo le oscillazioni delle ondate pandemiche. I risultati sono stati ancora una volta incredibili grazie soprattutto alla generosità degli operatori locali e alla disponibilità dei ragazzi, che hanno seguito la genesi e lo sviluppo dei giochi tra lezioni on line, centri territoriali che sparivano, incontri in presenza all'aperto ma distanziati. In questa situazione il terzo anno è stato anche più difficile del secondo. Alla fine siamo comunque andati oltre le aspettative e gli indicatori del progetto, producendo 9 giochi urbani in luogo dei 6 previsti. Pur tra mille difficoltà sono stati coinvolti nella definizione delle prove, alla costruzione dei giochi e alla gestione degli stessi 95 ragazzi, che hanno fatto giocare più di 350 loro coetanei in giro per l'Italia dal vivo tra la fine di maggio e l'inizio di giugno. Certamente rispetto ai numeri del primo anno in cui si è giocato nello spazio protetto della scuola si tratta di una regressione ma, considerando la situazione, si tratta anche di un incredibile successo.

I temi dei giochi del terzo anno

I temi affrontati nei giochi sono stati i più disparati. Spesso si è partiti dall'idea del poema urbano per esplorare temi affini. Così a Cagliari, grazie al lavoro del centro territoriale gestito dai Somaschi, si è giocato alla Galleria del Sale, esplorando le opere di street art lì custodite. I giocatori hanno potuto approfondire temi generali legati al linguaggio e alle pratiche della street art, facendo caso al patrimonio di opere custodite alla Galleria del Sale. Il gioco li ha portati anche a fare una loro personale esperienza di street art. L'altro gioco, che si è tenuto a Cagliari, è stato prodotto a Quartu da Arcoiris. In questo caso il gioco è stato più vicino al plot originale ma è comunque riuscito a costituire un'occasione in cui il centro territoriale e i ragazzi coinvolti si sono potuti confrontare con la realtà urbana contigua al centro.

Anche a Torino l'associazione ASAI ha prodotto due giochi urbani distinti. In uno i giocatori sono stati chiamati a giocare con i murales dell'area limitrofa alla Dora, mentre nell'altro si è giocato con gli obiettivi per lo sviluppo sostenibile 2030.

I giochi di Milano, curati da Diapason e da L'impronta hanno centrato la loro attenzione sulle scritte sui muri della città, proponendo una tematizzazione originale. Così mentre il poema della Barona ha accompagnato i giocatori alla scoperta di scritte poetiche nel quartiere tra De Andrè e pensieri sulla legalità; il gioco a Niguarda è stato tematizzato sui Partigiani e sullo sforzo di liberazione dal nazifascismo tra pietre d'inciampo e murales.

A Roma il gioco ha proposto un percorso di esplorazione del quartiere San Basilio. Il gioco è stato congeniato insieme alla scuola di riferimento del CEMEA del Mezzogiorno e ha costituito la prima occasione di uscita sul territorio della scuola dall'inizio della pandemia. Ciò dimostra l'enorme credibilità del progetto nei confronti dell'istituzione scolastica. A San Basilio i giocatori hanno collezionato le scritte sui muri di un quartiere difficile ma che racconta gran parte della propria storia, dei propri drammi e delle proprie gioie attraverso un variopinto poema urbano.

Il gioco di Aversa è stato incentrato sulla figura della strega Martuccia. Un personaggio della storia locale, che aveva delle doti di guaritrice. Il gioco facilitato dalle operatrici e del centro Patatrac, è stato sviluppato e promosso coinvolgendo anche altre associazioni del territorio e si è sviluppato in una serie di prove in città attraverso le quali si è ricostruita la storia della strega buona che era Martuccia.

A Palermo l'esperienza di gioco e più in generale lo stimolo del Poema Urbano sono stati utilizzati per promuovere un rap, che è stato prodotto dai ragazzi del centro territoriale gestito da Per Esempio. Il gioco è stato congegnato in una serie di prove, che hanno consentito di esplorare il quartiere di Borgo Vecchio ed è stato una vera e propria esperienza di costruzione di un testo per un rap. Le parole ritrovate costituivano, infatti, la base da cui partire per trovare rime e allitterazioni.

Pur in una eterogeneità territoriale e nonostante si trovasse a confronto con differenti grane di quella che poi viene definita "Povertà Educativa" il gioco si è dimostrato un utile strumento di confronto e di espressione per i ragazzi utenti dei centri, che sono stati coinvolti nella realizzazione di un evento in grado di coinvolgere e far divertire loro coetanei. Proporre un progetto nazionale sotto il coordinamento di un partner importante come WeWorld è l'occasione per vedere il proprio contesto territoriale di riferimento in un ambito più grande. Ciascun centro territoriale ha potuto comprendere e toccare con mano le questioni e le modalità di lavoro di altri territori. REACT non ha soltanto, come se fosse poco, aiutato la crescita di un gran numero di ragazzi, non ha soltanto contribuito al loro sviluppo ma ha anche aiutato l'Italia ad essere un po' meno diversa tra nord e sud, tra grandi e piccole città. Per questo REACT è un progetto importante.

Il retaggio di U'Game e di REACT

Certamente l'intervento di U'Game e di CLAC ha funzionato bene su tutti i territori e presso tutti gli operatori del progetto REACT ma altrettanto sicuramente gli esiti sono stati piuttosto diversi. Il progetto, riguardo ai giochi urbani, prevedeva interventi marginalmente orientati direttamente ai ragazzi, articolandosi di più su una formazione degli operatori, che avevano il compito di definire i giochi con i ragazzi. Al di là delle facce divertite dei ragazzi che hanno giocato e delle facce orgogliose dei ragazzi che hanno ideato e condotto i giochi resta una nuova coscienza negli educatori che hanno partecipato al percorso di formazione. Resta la capacità di poter organizzare giochi complessi anche per promuovere le attività dei centri. Resta la possibilità di usare il gioco come strumento educativo non tanto per insegnare cose e nozioni, ma per liberare capacità e competenze, per dare un senso a ciò che i ragazzi imparano. All'interno dei giochi che sono stati creati, infatti, si dà un senso alle capacità che ogn'uno ha sviluppato. Assume un senso saper parlare ed esprimersi, così come saper disegnare o avere un approccio logico e collaborativo alla risoluzione dei problemi. È un modo nuovo di dare senso ai framework educativi e siamo felici che, in molti casi, questo sia stato compreso e fatto proprio dagli educatori e dai centri territoriali.

Pratica 799

Questo è un gioco molto particolare per U'Game. Innanzitutto si svolge esclusivamente in un ambito digitale. Il gioco è stato sviluppato durante la pandemia di COVID 19 per provare a fare un gioco urbano anche quando non c'era accesso alla città. Per fare ciò abbiamo esplorato differenti aspetti che stanno in mezzo tra digitale e analogico. Per molti aspetti, infatti, Pratica 799 è una metafora del rapporto tra mondo digitale e analogico o, per dirla con Baricco, tra mondo ed oltremondo. Le città e per molti aspetti l'intero mondo hanno un gemello digitale che è stato sviluppato da Google, si tratta di Google Earth. Questo ambiente digitale riproduce con una più che buona approssimazione un modello 3D dell'intero globo terracqueo. Inoltre sono presenti le foto a 360° di gran parte dei luoghi accessibili dalle strade e non solo. Google Earth mette a disposizione una incredibile quantità di informazioni. Attorno a queste informazioni alcuni sviluppatori hanno definite delle esperienze di gioco, che si strutturano per lo più come dei quiz. Il ruolo della simulazione geografica in questo caso è quello di sostanziare le informazioni chieste nelle domande attraverso delle immagini a cui viene affidato un ruolo analogico, ovvero servono a contestualizzare le domande e a dargli contemporaneamente un certo grado di realtà. Perché Google Earth è per molti aspetti una evoluta fotografia del reale.

L'idea alla base di Pratica 799 era, invece, quella di proporre una interazione più profonda con i luoghi ovvero con le immagini e le mappe che si possono trovare su Google Earth. Le città e le immagini a 360° non avevano solo un ruolo di contestualizzare gli eventi o le domande ma erano parte attiva del gioco, nel senso che una serie di indizi si trovavano proprio sui muri della città, all'interno di chiese, etc.

Per provare ad esplorare queste caratteristiche del gioco è stata scelta una storia vera, che è stata romanzata per il gioco. Si tratta della storia del furto del quadro di Caravaggio della natività con i Santi Francesco e Lorenzo avvenuto a Palermo nel 1969. Il gioco propone un'indagine per ritrovare il quadro e ripercorre, per quanto possibile, gli esiti della commissione parlamentare antimafia sul furto.

Si inizia seguendo la nuova comandante del nucleo tutela del patrimonio, che porta a termine una avventurosa ricerca, che la trascinerà da Palermo fino in Svizzera. Nel gioco, insieme alla ricostruzione tutta inventata del ritrovamento, si ha a che fare anche con personaggi veri, che hanno avuto un ruolo nella sparizione del quadro. Si tratta di mafiosi di differente importanza. In questo modo Pratica 799 vuole anche essere una piccola narrazione di ciò che la mafia significa rispetto al cosiddetto "controllo del territorio". I luoghi che si incontrano hanno sempre un riferimento alle figure criminali e sono digitali ma reali, nel senso che volendo li si potrebbe andare a ritrovare nel mondo fisico.

Il decalogo +1 di U'Game

Questo gioco si chiude con un decalogo di regole che U'Game prova sempre a tenere a mente quando produce i suoi giochi. Speriamo davvero che possano essere utili anche a voi!

1. U'Game mette sempre i giocatori al centro del disegno del gioco. Ciò che ci appare facile e ovvio non sempre lo è per gli altri.

2. I giochi di U'Game devono evitare la frustrazione di non riuscire, così come la noia di riuscire troppo facilmente (Teoria del Flusso).

3. U'Game crea giochi che aiutano a scoprire delle cose nuove ma non presuppone delle conoscenze nozionistiche nel corso del loro svolgimento. Tendenzialmente non fa TRIVIA.

4. U'Game è sempre attenta alla tutela delle diversità all'interno dei suoi giochi. Molte delle meccaniche di gioco messe in campo forzano un cambio di punti di vista. Metti i tuoi piedi nelle scarpe di un altro.

5. Per la costruzione dei suoi giochi U'Game prova a generare il minor impatto sull'ambiente possibile. Riduce, Riusa, Ricicla.

6. Per U'Game la città è il campo da gioco più importante perché è l'espressione dell'azione

collettiva di un popolo ed esprime tanti punti di vista quanti sono i suoi abitanti.

7. U'Game usa uno sguardo strabico nella costruzione dei suoi giochi. Matematica, antropologia, sociologia, arte, architettura, logica, linguistica sono tutti ingredienti della meccanica di gioco.

8. U'Game racconta delle storie, ma la recita che propone è a soggetto. Si tratta di un canovaccio in cui sono i giocatori a completare il testo.

9. U'Game prova sempre a generare delle relazioni tra i giocatori, gli spazi, i cittadini, le imprese e i negozi. Il collante di queste relazioni è il gioco. I premi, tendenzialmente sono sempre messi a disposizione dai commercianti o dalle imprese coinvolte. Noi lo chiamiamo Direct marketing

10. U'Game predilige un approccio laterale alle questioni. Ad esempio in un gioco si può proporre di contare le nuvole di un quadro. Ma il vero scopo consiste nel guardare le cose con attenzione.

11. U'Game usa il gioco per far muovere i primi passi verso direzioni inesplorate.

Postfazione: Fuga nella città oscura di Matteo Lupetti

In *Vie di fuga. Otto passi per uscire dalla propria cultura* (UTET, 2018) l'antropologo culturale Adriano Favole rintraccia i modi con cui gli esseri umani cercano di fuggire dalle loro culture. Magari, ma non sempre, per poi tornare. "Ogni cultura è sempre non soltanto una coperta troppo corta per coprire i vari aspetti del reale, ma è anche una prigione troppo stretta: ogni cultura produce in sé il bisogno di uscirne" scrive un altro antropologo, Francesco Remotti, nella citazione con cui Favole apre il libro (viene da *Verità o culture. Strategie opposte di inglobamento*, 2011). Per Favole, ripercorrere queste vie di fuga serve a dimostrare che l'essere umano non ama chiudersi nella sua identità, nella sua cultura, ma cerca sempre invece di aprirsi. Nella fuga attraverso spazi liminali l'essere umano incontra altre culture, si contamina, e contemporaneamente diventa mediatore (più che meramente esportatore) della sua cultura. E allora fuggiamo viaggiando ed emigrando, compiendo pellegrinaggi e riti di iniziazione, recitando a teatro e scrivendo satira, leggendo un libro e guardando un film. E giocando. "Le culture prevedono vie d'uscita", spiega Favole, e il gioco è una di queste.

"Giocare", continua Favole, "è come aprire una crepa nella realtà quotidiana" e nel suo libro Davide Leone, quasi specularmente a Favole, ci racconta come sia possibile vedere tutte le crepe, tutte le vie di fuga, come giochi. Il gioco è lo strumento (lo sostiene già lo storico Johan Huizinga nel suo *Homo Ludens*, nel 1938) con cui vengono elaborate le culture, e la (ri)elaborazione di una cultura presuppone la possibilità di uscire da quella precedente per poterla mettere in dubbio e cercare nuove vie. Il gioco è il "palinsesto" del mondo digitale, e soprattutto dei social network. Pure realizzare un film e visitare un museo sono giochi. La fuga offerta dal gioco non è quindi (o almeno non è obbligatoriamente) mero *escapism*, un anestetizzante e consolatorio spazio di fantasia per chi non trova soddisfazione nella quotidianità. Quella ludica è invece una fuga necessaria verso uno spazio di sperimentazione da sempre sfruttato dagli esseri umani e da cui riportare qualcosa indietro. E il gioco urbano è lo strumento per creare queste vie di fuga, queste crepe, nelle città, per "creare nuove interazioni con i luoghi" e con le persone e le reti di relazioni che li abitano.

Si tratta di relazioni anche tra entità umane e non umane perché "le città sono l'interazione tra pietre e persone", afferma Leone. E Favole discute proprio queste interazioni nell'ultimo capitolo di *Vie di fuga* e in un libro che di questo capitolo è esplicita prosecuzione: *La via selvatica. Storie di umani e non umani* (Editori Laterza, 2024). "Ogni cultura", scrive Favole riprendendo il discorso di Remotti, "è in sé incompleta sia perché realizza soltanto alcune delle molteplici possibilità che *altre* culture prendono in conto; sia perché il mondo umano non è fatto *solo* di cultura" (enfasi nell'originale). Il nostro mondo, persino il nostro corpo, è fatto di reti di relazioni con un non umano che ha una sua progettualità, una sua *agency*, cioè una sua capacità di agire attivamente come soggetto. Eppure il capitalismo occidentale ha prodotto una visione in cui il non umano è solo oggetto passivo per giustificare lo sfruttamento sia delle entità non umane (i minerali, le foreste, le acque, gli animali...) sia di esseri umani via via equiparati a tali entità (come i popoli considerati "selvaggi"). È questa l'ideologia che ha promosso l'imperialismo colonialista, la distruzione e l'omogeneizzazione degli ecosistemi, l'acidificazione degli oceani, l'estrazione e l'uso indiscriminato dei combustibili fossili con le sue conseguenze sul clima globale. "Solo dopo aver immaginato il mondo come qualcosa di morto abbiamo potuto dedicarci a ucciderlo davvero" osserva il giornalista Ben Ehrenreich in *Desert Notebooks: A Road Map for the End of Time* (Counterpoint Press, 2020).

I giochi urbani con componenti digitali di U'Game, come tutti i giochi con componenti digitali e come soprattutto i videogiochi, creano relazioni anche con un'altra entità non umana: la macchina. Il videogioco è un paesaggio dove spazi coltivati, ammaestrati, convivono con momenti inaspettati, con il selvatico di glitch e bug. Il filosofo Baptiste Morizot in *Sulla pista animale* (Nottetempo, 2020) riprende il verbo "inforestarsi" dai mercanti di pellicce quebecchesi del diciassettesimo secolo per parlare di quando noi "andiamo nella foresta tanto quanto essa si trasferisce in noi" (le traduzioni da Morizot sono di Alessandro Lucera e Alessandro Palmieri). Morizot parla dell'essere umano che va a "inforestarsi", cioè che esce dalla cultura, dal colto, per andare dentro a ciò che Favole chiama "incolto", esattamente come Favole parla dell'essere umano che esce da una cultura per scoprirne altre. Cioè come di una persona con un ruolo di mediazione, di diplomazia tra due mondi da cui si lascia contaminare. Scrive Morizot che "bisogna sperare che un diplomatico andato a inforestarsi presso gli altri esseri viventi, anche solo per uno o due giorni, ritorni trasformato, tranquillamente inselvatichito, lontano dalla ferocia fantasmatica attribuita agli Altri. Che colui che si lascia inforestare dagli altri esseri viventi ritorni leggermente modificato dal suo viaggio da licantropo: un mezzosangue, a cavallo tra due mondi. Né svilito né purificato, semplicemente altro e un minimo capace di viaggiare tra i mondi, e di farli comunicare, per lavorare alla realizzazione di un mondo comune". Come il cerchio magico del gioco, l'incolto è poroso, permeabile. L'incolto ammette "scambi, movimenti, trasformazioni", dice Favole. Nel mio saggio *UDO. Guida ai videogiochi nell'Antropocene* (Nuove Sido, 2023) propongo di rintracciare nella nostra interazione con i videogiochi un processo simile all'inforestarsi: un "invideogiocarsi", un diventare parte del videogioco, di una rete di relazioni tra esseri umani e macchine che esiste grazie alla nostra azione. Il gioco urbano e digitale di U'Game, "collante tra la realtà [qua io preferirei parlare di fisicità] e la virtualità" crea allora un complesso assemblaggio di umano (e culturale, simbolico), minerale (la pietra della città) e digitale (una dimensione anch'essa strettamente legata a quella minerale).

Quando giochiamo entriamo in uno spazio di fantasia non diverso da quello in cui entra Dante Alighieri all'inizio della sua *Commedia*: una selva oscura. Anche Dante torna, cambiato, dopo aver incontrato altre culture e mondi non umani (transumani). Come lui, ci inoltriamo nel selvatico, nell'incolto, in un mondo su cui dobbiamo ammettere di non avere il controllo che pensavamo di possedere quando credevamo di essere le uniche entità dotate di *agency* sul nostro pianeta. Tra i vari tipi ed elementi del gioco individuati da Roger Caillois ne *Les jeux et les hommes* (1958), Leone si concentra proprio su quello dell'incertezza, sul momento in cui perdiamo il controllo, l'orientamento, l'equilibrio, cioè sull'*ilinx*, un aspetto spesso sottovalutato. L'*ilinx* è la vertigine del gioco, è "attesa dell'imprevedibilità". Non è il risultato casuale sancito dal lancio del dado (quella è l'*alea*) ma ciò che proviamo quando il dado lanciato sta ancora ruotando in aria, sul tavolo. Per Leone, l'*ilinx* è "un motore di divertimento estremamente potente", "l'ingrediente principale che decreta il successo e la longevità di un gioco" e persino "l'ingrediente più pericoloso, quello più difficile e quello più potente all'interno di un'esperienza di gioco". L'oscurità della selva, dell'incolto e del gioco è un'oscurità fertile, un'oscurità che dobbiamo imparare ad accettare perché diventerà la norma in un mondo che non rispetta più i nostri modelli e le nostre previsioni a causa del cambiamento climatico e che è sempre più dipendente da quelle entità non umane che sono le macchine. All'inizio di *Nuova era oscura* (Nero, 2019), un saggio dedicato a questa incertezza, l'artista James Bridle cita una pagina di diario della scrittrice Virginia Woolf, punto di partenza di un articolo della saggista Rebecca Solnit (*Woolf's Darkness: Embracing the Inexplicable*, 2014). Siamo nel 1915, quindi durante la Prima guerra mondiale, e Woolf scrive che "il futuro è oscuro, che poi è il meglio che si possa chiedere al futuro, credo" (traduzione di Fabio Viola). Potrei dire che "il gioco è oscuro, che poi è il meglio che si possa chiedere al gioco, credo".

Bibliografia

M. E. Avedon & B. Sutton Smith, *The study of Games*, J. Wiley, University of Michigan, 1971.

A. Baricco, *The Game*, Einaudi, Milano 2018.

R. Callois, *I giochi e gli uomini. La maschera e la vertigine*, Bompiani, Milano (2018 – I edizione 1958).

M.A. Chanzighi & M. Destefano, *Common scaling laws for city highway systems and the mammalian neocortex*, Complexity, 15/3, p. 11-18. (2010).

F. Farinelli, *Epistemologia e Geografia* in Corna Pellegrini G. (eds), Aspetti e problemi della geografia, Settimo Milanese: Marzorati, Vol. II pp. 1-37, (1987).

E. Fink, *Il gioco come simbolo del mondo*, trad. di N. Antuono, Hopefulmonster (1992 - I edizione 1957).

R. Florida, *L'ascesa della nuova classe creativa. Stile di vita, valori e professioni*, Mondadori, Milano (2003).

P. Geddes, *Cities in Evolution*, Williams & Norgate, London (1915).

V. Guarrasi, *I segni della città*, in De Spuches G. Guarrasi V. Picone M. (eds) La città incompleta. pp. 3-11, Palumbo, Palermo (2002).

Y. N. Harari, *Sapiens. Da animali a dèi. Breve storia dell'umanità*, Bompiani, Milano (2014).

J. Huizinga, *Homo Ludens*, Einaudi, Milano (2002 – I edizione 1938).

C. Landry, *The Creative City. A Toolkit for Urban Innovators*, Hearthscan, London (2000).

H. Lefebvre, *Il diritto alla città*. Marsilio, Padova (1970)

K. Lynch, *L'immagine della città*, Marsilio, Milano (2000 – I edizione 1960)

M. Lupetti, *Gamificando non si impara*, Menelique selezione 2019-2023, ass. menelique, Torino (2023).

C. Norberg-Schulz, *Genius loci. Paesaggio ambiente architettura*, Electa, Milano (1979)

H. Maturana & F. Varela, *L'albero della conoscenza*, Garzanti, Milano (1992).

M. McLuhan, *Gli strumenti del comunicare, mass media e società moderna*, Net, Milano (2002 – I edizione Roma, 1964).

L. Mumford, *The City in History*, San Diego: Harcourt Inc (1961).

B. Suits, *The Grasshopper: Games, Life and Utopia*, University of Toronto Press, Toronto (1978).

M. Thibault, *Città ludiche, città in gioco, città giocate*, in M. Thibault (a cura di) Gamification urbana, Letture e riscritture ludiche degli spazi cittadini, Aracne, Roma (2016), pp. 21-59.

Apparati

Le schede di "C'era una Volta"

Le schede di c'era una volta possono essere ritagliate e fotocopiate per dar vita ad un laboratorio di narrazione non lineare. Il kit comprende le schede sceneggiatura e le schede diversioni. Per le regole del gioco riferitevi pure al capitolo nel libro.

LUOGO

AZIONE

DIALOGHI

L'Game
C'ERA UNA VOLTA

Bolly

BOLLY

TA

TAAA

TA DAAA!

ANF!

BOING!

BOING!
BOING!
BOING!

WOW!
IO TI VEDO!

EHI TU!! NON
CREDI MI MANCHI
QUALCOSA?

SANTO CIELO, MA
QUESTA È UNA
BOCCA, POSSO
PARLARE!!!

SENTO CHE
FAREMO
GRANDI COSE
INSIEME

AAAHH!
CHE TI SALTA
IN MENTE?!? COSÌ
FINISCO FUORI DALLA
VIGNETTA
INVECE DI
PERDER TEMPO A
INCLINARE VIGNETTE,
DISEGNAMI QUALCHE
ALTRO PEZZO!

VEDO CHE MUOVI LA BOCCA! MA NON SENTO NIENTE!

NON SO COME DIRTELO... NON HO LE ORECCHIE!!!

ERA ORA! ADESSO POSSO SENTIRE TUTTO CIÒ CHE HAI DA DIRE!

ORA CHE HO LE ORECCHIE PARLAMI UN PO' DI TE!

YAAWN

YAAWN
Zzz

SAI DI ESSERE UNA PERSONE NOIOSA, VERO?

OTTIMO LAVORO CAPO, CREDO CHE SIA IL MOMENTO DI ANDARE UN POCO AVANTI!

NON FARE LO GNORRI VEDO CHIARAMENTE CHE HAI QUALCOSA TRA GLI OCCHI E LA BOCCA! LA VOGLIO ANCH'IO!

PERCHÉ NON MI AVEVI FATTO PRIMA QUESTA COSAAAAA?

EWIVA È UN NASO QUESTA SPECIE DI SGORBIO CHE MI HAI FATTO IN MEZZO ALLA FACCIA

SENTO NUOVE SENSAZIONI... AVVICINATI!

SNIFF SNIFF
CAPO PROPORREI UN CAMBIO DI DOPOBARBA

CAPO, CHE FACCIAMO OGGI? VORREI PROVARE A VEDERE LE COSE DA UN ALTRO ANGOLO

OH MY GOSH!!! SONO BIDIMENSIONALE?!? TU SEI UN MENTECATTO!

MA CHI CREDI DI ESSERE?!? CAVANDOLI? BUTTIAMO AL CESSO IL RINASCIMENTO?

E NON PENSARE CHE ABBIA FINITO CON TE SOLO PERCHÉ È FINITA LA STRISCIA! MI HAI FATTO BIDIMENSIONALE!

CIOÈ IO VISTO DI PROFILO SONO COSÌ! MANCO FOSSIMO DENTRO FLATLANDIA

IO VOGLIO ESSERE UN PERSONAGGIO DI SPESSORE !#@@!

SICURO CHE SIA IL METODO PIÙ SICURO?
U'PUMP

PUMP
PUMP
PUMP
UMP
PLOP
U'PUMP

HOUSTON ABBIAMO UN PROBLEMA, TEMO CHE STIA ARRIVANDO TROPPA PRESSIONE AL NASO!
PUMP
PUMP
UMP
U'PUMP

SANTO CIELO TI AVEVO DETTO CHE CI STAVAMO FACENDO PRENDERE LA MANO
U'PU

AHIA MI SONO SNASATO A TERRA!!!
SBOING!

FA QUALCOSA SUBITO, STUPIDO INCOMPETENTE!!!

SANTO CIELO AHI CHE MALE...
RI-BOING!

EHM! NON SALTIAMO A CONCLUSIONI AFFRETTATE... IL MIO NASINO MI SEMBRA GIÀ MENO GRANDE, INSOMMA, HA CARATTERE!
U'STING

HO PAURA DAVID... SO DI AVERE PRESO DELLE DECISIONI DISCUTIBILI! IL MIO NOME È BOLLY, SONO ENTRATO IN FUNZ...
U'STING

AAAHHHHHHH!
U'STING

EWIVA, SONO NORMALE, CIOÈ NON MI CONSIDERO UN ADONE MA ...

IO SONO BOLLY
THE END?

www.ingramcontent.com/pod-product-compliance
Lightning Source LLC
Chambersburg PA
CBHW051255250726
48656CB00004B/1304